CARSTEN HÖFER

TAGESABSCHLUSS-GEFÄHRTE

Das Buch für alle, die entweder eine Beziehung haben oder Single sind

südwest

Für meinen Vater Fritz, der mein großes männliches Vorbild war –
und meiner Mutter ein wunderbarer Lebensgefährte.

Inhalt

Vorwort

Wie komme ich dazu, ein Buch mit dem Titel TAGES-ABSCHLUSSGEFÄHRTE zu schreiben? Bevor ich mit dem Schreiben von Büchern angefangen habe, durfte ich eine gescheiterte Ehe, mehrere Kurzzeitbeziehungen und einige wunderbare TAGESABSCHLUSSGEFÄHRTINNEN genießen. Ich habe also quasi extra für Sie die wichtigsten Stationen in den möglichen Beziehungen zwischen Mann und Frau ausprobiert, damit Sie hier erhöhten und authentischen Lesegenuss erfahren können. Den Status eines TAGESAB-SCHLUSSGEFÄHRTEN habe ich ursprünglich sicherlich nicht angestrebt, sondern gelangte über einige Höhen – und absolut unvermeidliche Tiefen – erst dorthin. Die Erfahrungen, die ich dabei sammeln durfte, verhalfen mir zu einem tieferen und nun noch besseren Verständnis von Mann und Frau.

Die E-Mails, die ich auf mein erstes Buch **FRAUENVER-STEHER – Das Buch für alle, die entweder ein Mann oder eine Frau sind**[1] hin bekam, waren für mich mit ein Ansporn, mich in einem zweiten Buch (diesem hier) noch intensiver mit den grundsätzlichen Beziehungs-, Trennungs- und Liebesfragen auseinanderzusetzen …

»Sag mal, Carsten, da gibt es doch noch mehr Themen zwischen Mann und Frau, dazu solltest Du auch noch was schreiben. Was ist zum Beispiel, wenn sich Mann und Frau zwar verstehen, die Beziehung aber dennoch scheitert? Verstehen heißt ja noch lange nicht, dass man immer alles gut findet, was der andere macht oder sagt«, schrieb mir zum Beispiel eine Leserin.

---

1 Ebenfalls im Südwest Verlag erschienen.

Tatsächlich sind da noch viele weitere Unterschiede zwischen Frau und Mann! Weit mehr als die, die im ersten Buch behandelt werden konnten.

»Dein Buch FRAUENVERSTEHER hat mir zwar bei der Kommunikation mit meinem Mann geholfen, leider hat er sich trotzdem nicht verändert, deshalb habe ich mich von ihm getrennt, was nun?«, stand in der E-Mail einer anderen Leserin.

Die E-Mails, die ich von lesenden Männern bekam (es waren nicht ganz so viele, wie ich von lesenden Frauen bekam), enthielten eher solche Fragen:

»Wenn meine Frau shoppen geht, muss ich immer mitgehen und die ganzen Taschen tragen. Das nervt! Kannst Du dazu nicht einmal etwas schreiben?«

Menschen verändern sich, Gefühle verändern sich.
Ebenso wie die Zeit zwischen den Werbeunterbrechungen immer kürzer wird, so wird auch die statistische Ehedauer immer kürzer. Wer heute noch ein Lebensabschnittsgefährte ist, kann morgen schon ein TAGESABSCHLUSSGEFÄHRTE sein und ist damit vielleicht sogar wesentlich glücklicher.

In diesem Buch gehen wir unter anderem der bedeutungsvollen Frage nach: Was passiert nach »Verliebt, verlobt, verheiratet mit Kind«?

Was kommt nach dem Reihenhaus mit Garten und dem großen Eheglück? Wie geht man um mit Problemen, Ärger, Frust – Trennung, Anwalt, Scheidung – Reset und Neustart? Und wie wird man dann endlich ein fröhlicher TAGESABSCHLUSSGEFÄHRTE auf hohem Niveau?

Was sich alles ergeben kann, wenn eine Beziehung scheitert und man wieder zum (zunächst vielleicht unfreiwilligen) Single wird, auch darum soll es im »TAGESABSCHLUSSGEFÄHRTEN« gehen. Wie im ersten Buch und bei meinen Live-Kabarettprogrammen bekommen Sie für besonders schwierige und verfahrene Situationen hier immer auch gleich ein paar ganz neue, lustige und leicht umsetzbare Lösungsstrategien mit an die Hand, die Ihr Leben verändern können.

Die Tipps und Tricks entspringen übrigens keiner grauen Theorie oder langweiligen Ratgebern von angeblichen Beziehungsexperten. Sie finden in diesem Buch ausschließlich leicht umsetzbare Lösungsstrategien für den Alltag, die bereits von zahlreichen Paaren, Singles, Frauenverstehern und TAGES-ABSCHLUSSGEFÄHRTEN ausprobiert und für gut befunden wurden. Es sind Sachen, die wirklich funktionieren, aus der Praxis für die Praxis.

Dieses Buch wird Sie – hoffentlich! – dabei begleiten, in den Unterschiedlichkeiten von Mann und Frau die Chance zu mehr Humor im zwischengeschlechtlichen Miteinander zu entdecken.

Und wenn eine Trennung unausweichlich geworden ist, so begleitet Sie dieses Buch mit einem schmunzelnden Auge auf den 7 goldenen Stufen zum perfekten TAGESABSCHLUSS.

Ich wünsche Ihnen dabei jetzt viel Spaß und gute Unterhaltung.

Carsten Höfer

Der TAGESABSCHLUSSGEFÄHRTE

»Ich bin eigentlich eher auf der Suche nach einem TAGES-ABSCHLUSSGEFÄHRTEN«, sagt die Frau in dem langen schwarzen Abendkleid und den sündhaft teuren Louboutins an den perfekt pedikürten Füßen kokett. Ihre strahlend weißen Zähne blitzen ganz leicht durch ihr verführerisches Lächeln hindurch. Sie zieht – nicht ganz elegant, eher skeptisch – eine Augenbraue hoch und mustert den unbekannten Mann vor ihr.

Peter, seit einigen Monaten frisch geschieden, hat sie bereits eine Weile angesehen und sie hat ihm mit einem Lächeln zu verstehen gegeben, dass er sie ansprechen darf. Peter lächelt charmant zurück, geht auf sie zu und sagt: »Entschuldigen Sie, dass ich Sie so direkt angeschaut habe, aber ich finde, Sie sehen toll aus.«

»Danke.«

»Trinken Sie lieber Cocktail, Sekt oder wonach ist Ihnen heute Abend?«

»Ich bin eigentlich eher auf der Suche nach einem TAGES-ABSCHLUSSGEFÄHRTEN.«

Peter nimmt das als Einladung, sich neben sie zu setzen und ihr einen Drink zu spendieren.

Nicht ganz drei Stunden später liegen beide erschöpft, verschwitzt und mit voll aufgeladenem Genuss-Akku noch ein paar Minuten nebeneinander, bevor die schöne Unbekannte sagt:

»Du musst jetzt gehen. Vielen Dank nochmal für den Drink und den netten Abend.«

Peter lächelt, nickt, kramt seine Sachen zusammen und zieht sich flink an. Er dreht sich noch einmal zu ihr um, streicht mit seinen Blicken über ihren im Halbdunkel gebetteten Luxuskörper und denkt: »Eine Frau zum Niederknien.«

Die Frau fragt: »Was ist denn noch?«

Peter sagt: »Schicke Schuhe«, und deutet auf die nagellackrote Unterseite der achtlos im Zimmer herumliegenden Pumps, die mehr gekostet haben, als er in einem Monat verdient.

Fröhlich vor sich hin pfeifend verlässt Peter die viel zu große Villa im besten Viertel der Stadt über die weiße Kieseinfahrt und bestellt sich per Handy ein Taxi. Es ist kurz nach 4.00 Uhr früh und er ist müde. Er will nach Hause in sein 2-Zimmer-Appartement, um den restlichen Samstag in SEINEM Bett zu verschlafen. Mal schauen, vielleicht wird er dann abends noch einmal losziehen? Vielleicht wird er einer anderen Frau »einen Drink spendieren«?

Peter ist zum Musterbeispiel eines vorbildlichen TAGES-ABSCHLUSSGEFÄHRTEN herangewachsen. Aber wie ist es dazu gekommen? War er schon immer ein so perfekter Liebhaber? Oder war er früher eher ein »ganz normaler Durchschnittstyp«?

Was ist und treibt ein TAGESABSCHLUSSGEFÄHRTE überhaupt?

Ein TAGESABSCHLUSSGEFÄHRTE ist, laut Standardlexikon der Deutschen Gesellschaft zur Rettung Ehebrüchiger[2], ein allein lebender Mann (Single), der die libidinöse Vereinigung mit einer gleichgesinnten weiblichen TAGESABSCHLUSS-GEFÄHRTIN sucht. Die zeitliche Verweildauer dieser beiden Menschen beschränkt sich maximal auf einen Zeitraum von 19.00 Uhr abends bis 5.00 Uhr morgens. Die mehr oder minder spontane Zusammenkunft der beiden TAGESABSCHLUSS-GEFÄHRTEN beruht auf rein körperlicher Anziehungskraft und der stillschweigenden Übereinkunft, dass sich aus der kurzweiligen Freizeitgestaltung keinerlei weitergehende Verpflichtungen, Verabredungen, Emotionen oder gar Gespräche ergeben sollten.

---

2 Vgl. Standardlexikon der Deutschen Gesellschaft zur Rettung Ehebrüchiger. Berlin 2011. Seiten 12 bis 24.

Ähnlich wie umherirrende Meteoriten kollidieren zwei TAGESABSCHLUSSGEFÄHRTEN für einen kurzen Moment, um danach weiterhin allein im unendlichen Single-Kosmos dahinzutreiben. Die Gründe für eine solch kurzzeitige Vereinigung können unterschiedlicher Natur sein. Einerseits spielt die dem Menschen innewohnende, hormonell bedingte Triebhaftigkeit eine große Rolle. Andererseits ist das Aufwerten des eigenen Selbstwertgefühls eine treibende Kraft. Die unverbindliche, aber doch sehr deutliche Bestätigung durch die Intimität mit einem anderen Menschen bewirkt ein wunderbares Hochgefühl, welches der Mitte dieser beiden TAGESABSCHLUSS-GEFÄHRTEN entspringt.

Der Weg zum voll einsatzfähigen TAGESABSCHLUSSGE-FÄHRTEN ist allerdings nicht einfach, oft steinig und schwer. Sie sollten niemandem glauben, der Ihnen weismachen will, dass Sie schnell und einfach zu einem perfekten TAGES-ABSCHLUSSGEFÄHRTEN werden. Ebenso wenig sollten Sie Büchern und Ratgebern trauen, die Ihnen einen »Schnell-und-einfach-superreich-Kurs« andrehen wollen. Andererseits wird es Sie sicher beruhigen und freuen, dass niemand als TAGES-ABSCHLUSSGEFÄHRTE auf die Welt kommt, aber jeder kann es werden, wirklich jeder. In diesem Buch lernen Sie, Schritt für Schritt und auf seriöse Weise wie es geht.

In nicht wenigen Fällen geht der Entwicklung zum TAGES-ABSCHLUSSGEFÄHRTEN eine enttäuschte Liebe voraus. Das muss nicht zwingend sein, eine solch tiefgreifende Erfahrung wird Ihre Fertigkeiten als TAGESABSCHLUSSGEFÄHRTE aber enorm erhöhen.

So auch bei Peter, der bis zu seiner Scheidung von Claudia – und vor seiner Entwicklung zum perfekten TAGES-ABSCHLUSSGEFÄHRTEN – ein, im besten Sinne, treusorgender Ehemann war …

Peters (Ehe-)Leben vor der Zeit als
TAGESABSCHLUSSGEFÄHRTE

»Soll ich Dich heute Abend massieren?«, Peter lächelt Claudia leicht verschmitzt an und freut sich bereits auf einen erotischen Abend zu zweit. Es ist endlich Samstagabend und Peter muss am Sonntagmorgen nicht zur Arbeit ins Möbelhaus, sondern darf ausschlafen. Dafür ist er diese Nacht an der Reihe, aufzustehen, wenn die kleine Theresa wach werden sollte.

Theresa war ein klassisches Wunschkind von beiden und ist mit ihren 13 Lebensmonaten bereits eine echte Persönlichkeit, die sich auch nachts gerne lautstark äußert.

Ab 6.00 Uhr früh ist »Schichtwechsel« und Claudia übernimmt, sobald die Kleine aus dem nächtlichen Schlaf erwacht.

So ist die Regel, die sie beide aufgestellt haben:

Claudia steht nachts in der Woche auf, wenn Peter arbeiten muss, am Wochenende ist dann Peter dran, damit Claudia auch einmal eine Nacht durchschlafen kann.

Auf Peters Frage: »Soll ich Dich heute Abend massieren?«, lächelt Claudia dankbar zurück und meint:

»Oh ja, eine Massage könnte ich nach diesem Tag wirklich gebrauchen. Mir tut der Nacken und der ganze Rücken weh, seit Theresa immer schwerer wird …«

Nachdem beide ihre kleine Theresa ins Bettchen gebracht haben, was heute Abend ausnahmsweise einmal angenehm zügig und unkompliziert vonstattengeht, springen beide schnell gemeinsam unter die Dusche. Peter nimmt dies zum Anlass, seine Frau einzuseifen, um ein wenig mit dem Vorspiel zu beginnen.

»Lass das!«, kichert Claudia und schlägt ihm ein wenig keck auf die Finger, was in Peter selbstverständlich die Lust auf mehr weckt.

»Du wolltest mich doch massieren, oder? Dann geh doch schon mal und bereite alles vor, mach das Schlafzimmer schön warm, hol das Öl und die Handtücher. Ich komme dann gleich nach.«

All dies steigert Peters Vorfreude schier ins Unermessliche. Endlich haben sie beide einen ganzen Abend für sich allein als Mann und Frau, endlich werden sie sich eng umschlungen dem animalischen Treiben hingeben können, dass sie beide mitunter doch so schmerzlich vermissen.

Allein die Worte »Schlafzimmer«, »Öl« und »Handtücher« wirken in genau dieser Reihenfolge auf Peter wie ein Aphrodisiakum.

Schleunigst hastet er ins Schlafzimmer, dreht die Heizung entgegen aller ökologischen Vernunft voll auf, weil Claudia sich sonst die Decke über den Körper zieht, denn sie friert so schnell. Aber heute will er seine Frau nackt und ohne Decke, er will die ganze Claudia unbedeckt und nur für sich allein. Er holt das Öl und die Handtücher, damit die Matratze nicht vom Massageöl versaut wird. Ihm wäre es ja egal, aber Claudia ist da ein wenig pingelig. Egal, soll sie ihre Handtücher bekommen, dafür wird der Sex dann vielleicht umso hemmungsloser, hofft Peter.

Musik!, denkt Peter, Wir brauchen Musik! – Schnell sucht er den USB-Stick mit der romantischen Filmmusik, die Claudia so sehr liebt, und schiebt ihn in die kleine Kompaktanlage, die sie sich eigens fürs Schlafzimmer gekauft haben. Kurz darauf erfüllen die sinnlich romantischen Klavierklänge von Jan A.P. Kaczmarek aus dem Film »Finding Neverland« das Schlafzimmer. Peter streicht mit großer Sorgfalt die Handtücher glatt und schüttelt die Oberbetten aus, als Claudia ins Schlafzimmer kommt.

»Herrlich, eine Massage mit Musik und die Heizung ist auch so schön warm, wie lieb von Dir.« Claudia sinkt aufs Bett, legt sich bäuchlings auf die Handtücher und atmet ganz tief durch. Peter nimmt dies als Aufforderung, direkt anzufangen. Bedächtig verteilt er das Massageöl in seinen Händen und auf Claudias Rücken, bevor er damit beginnt, zärtlich, aber doch kräftig ihren Nacken zu massieren. Claudia schließt die Augen und stöhnt leise auf:

»Oh ja, das tut gut, weiter so.«

Peter kann sich kaum noch beherrschen, denn diese kleinen, stöhnenden Seufzer leiten eine elektrisierende Energie direkt in seine Lenden. Aber noch hält er sich zurück, denn er weiß, dass er Claudia nicht überfallen darf. *Erst die Arbeit, dann das Vergnügen!*, ermahnt er sich selbst im Stillen und massiert zielstrebig Claudias Nacken, ihre Schultern und ihren Rücken.

Claudia seufzt zufrieden und atmet tief. Und noch während Peter seine steil aufragende Erektion zu bändigen und im Zaum zu halten versucht, hört er ganz plötzlich ein anderes, gänzlich unerotisches Geräusch: Claudia schnarcht! Sie ist eingeschlafen und tief im Land der Träume verschwunden.

Nein!, durchzuckt es ihn – mit einem Gefühl, als ob er kurz vor dem Gipfelsturm am Mount Everest angeschossen worden wäre. Das darf doch wohl nicht wahr sein! Bitte, lieber Gott, was soll das? Tapfer deckt Peter Claudia zu und erträgt diese für ihn so erniedrigende Schmach wie Hiob. Er räumt das Massageöl weg, schaltet die Musik aus und geht in die Küche, um ein paar Süßigkeiten zu essen. Doch noch bevor er die Schranktür erreicht, hinter der sich die Süßigkeiten verbergen, hört er abermals ein menschlich artikuliertes Geräusch, das endgültig den leidenschaftlichen Casanova in ihm vertreibt: Die kleine Theresa schreit und braucht die väterliche Zuwendung, um wieder einschlafen zu können. Seine ausgestreckte Hand noch am Griff des Süßigkeiten-Schrankes, lässt Peter seufzend die Schultern hängen, dreht sich um, verwandelt sich, ja mutiert in Sekundenbruchteilen in einen vollständig asexuellen Vater. Er eilt ins Kinderzimmer, um das Kind zu beruhigen, denn wenn die Kleine mit ihrem Geschrei Claudia weckt, dann gibt es auch dort wieder Ärger, weil die Frau die einzige Nacht in der Woche, in der sie laut vereinbarter Regel nicht aufzustehen braucht, nicht durchschlafen konnte, was sie wiederum auf sein Versagen als Vater zurückführen würde …

Das wäre dann eine Niederlage auf ganzer Linie, sowohl als Ehemann als auch als Vater, und so weit will Peter es in dieser Nacht nicht kommen lassen! Also holt er die kleine Theresa aus dem Bettchen, streicht ihr zärtlich über das Köpfchen und summt ein altes Kinderlied, das schon seine Mutter dem kleinen Peter vorgesungen hat. Obschon er sich überhaupt nicht an den Text erinnert, kann er doch die Melodie summen, die seine Tochter sofort beruhigt. Ein unsichtbares Band entsteht zwischen Vater, Tochter und den bereits verstorbenen Generationen vor ihnen. All die Ahnen aus den heiligen Hallen des Sto Vo Kohr[3] stimmen in den beruhigenden Singsang von Peter mit ein, der seinen jüngsten Spross in eine vertraute Decke der Sicherheit schmiegt und singt – und schmatzend wieder einschlafen lässt. So steht Peter mitten in der Nacht mit dem Baby auf dem Arm im Kinderzimmer und fühlt sich nicht besonders gut. Er ist mit einem großen, wahrscheinlich sogar DEM größten Problem überhaupt innerhalb langjähriger Partnerschaften konfrontiert: libidinöse Stagnation mit Lendentinitus.

Sie hat sich in eine Mutter verwandelt, er hat sich in einen Vater verwandelt! – Aber wo sind Mann und Frau geblieben?

»Ich habe mich also zu meinem Nachteil verändert? Deshalb haben wir seit Wochen keinen Sex mehr miteinander?«

Peter ist aufgebracht, enttäuscht und wütend.

»Wir haben eine Ehe und wir haben ein Kind. Warum ist Euch Männern Sex immer nur so wichtig? Ich fühle mich schon richtig unter Druck gesetzt, wenn wir nicht mindestens zweimal in der Woche Sex haben, so macht das ja auch keinen Spaß. Ich habe ständig das Gefühl, ich werde gedrängt, noch mehr Sex zu haben, aber das kann ich nicht, das will ich nicht! Meine Erotik ist im Windeleimer verschwunden, meine Libido wird bei fünf Stunden Schlaf mit jeweils drei Unterbrechungen nicht wach. Ich kann mich nach einem Tag als Vollzeitmutter nicht in die geile Studentin verwandeln, die Du Dir vielleicht erträumst, Peter.

---

3 Das »Sto Vo Kohr« ist das Paradies, das Jenseits, der Himmel der Klingonen. Nur ehrenvoll im Kampf gestorbene Klingonen finden dort Einlass. Falls Sie die Klingonen noch nicht kennen, empfehle ich Ihnen sämtliche Episoden von Star Trek (Raumschiff Enterprise) zur unterhaltsamen Nachhilfe.

Du hättest wohl gerne, wenn Du abends nach Hause kommst, eine unkomplizierte TAGESABSCHLUSSGEFÄHRTIN, die immer Lust auf Sex hat, hm?

Aber das bin nicht ich, es tut mir leid. So geht das nicht.«

Peter schaut beschämt zur Seite und flüstert beinahe, als er sagt: »Aber Sex ist doch auch Ausdruck der Liebe zweier Menschen, oder? Es geht mir doch hier nicht um Geilheit oder Reizwäsche oder unkomplizierten Sex, es geht mir um Dich, um uns, um *Liebe machen*, auch wenn es ganz altmodisch und sozialpädagogisch klingt. Ich fühle mich seit Monaten von Dir zurückgewiesen, als Mann und Frau finden wir ja kaum noch statt, weil wir uns kaum noch lieben und wenn, dann spüre ich ja förmlich, dass es bei Dir zu einer Art Pflichtübung verkommen ist, damit ich bloß endlich wieder Ruhe gebe und Du die nächsten paar Tage Deinen Frieden vor mir hast. Wir tun es nur noch mechanisch, wie wenn man halt essen oder sich die Zähne putzen muss, oder …«

»Oder wie wenn man aufs Klo muss? Wolltest Du das sagen?«

»Nein, aber ich glaube, wir sind hier in einer gefährlichen Situation. Du fühlst Dich von mir zum Sex gedrängt und tust es immer weniger gern und immer mehr aus Pflichterfüllung. Ich aber will Dich nicht drängen, ich halte mich ja schon absichtlich so sehr zurück, dass ich meine eigene Libido fast verleugne. Ich kriege schon Kopfschmerzen vor lauter Enthaltsamkeit. Aber was soll ich machen, ich bin ein Mann, ich liebe meine Frau und offensichtlich haben wir Männer mehr und öfter das Bedürfnis, unsere Frauen zu lieben als umgekehrt.«

»Willst Du damit sagen, dass Du mich mehr liebst als ich Dich?«

Peter seufzt, verdreht die Augen, schnauft noch einmal vernehmlich und sagt dann:

»Ich will damit sagen, dass ich öfter Sex mit Dir haben will als Du mit mir, ja, und das ist für uns beide offensichtlich ein Problem, oder? Und nach diesem nicht besonders erotischen Gespräch fürchte ich, dass es nicht besser werden wird.«

Peter steht auf, schnappt sich seine Jacke, verlässt die Wohnung, ruft seinen besten Kumpel Andreas auf dem Handy an und trifft sich mit ihm auf ein Bier.

17

»Mitunter erscheint es mir so, als ob sich die Frau, in die ich mich damals verliebt hätte, ziemlich gewandelt hat.«

»Was meinst Du damit?«, fragt Andreas und hat bereits eine unheilvolle Vorahnung, als es aus Peter herausplatzt:

»Ich meine, dass ich so allmählich den Eindruck habe, als hätte sich **die leidenschaftliche, junge, gutaussehende Claudia in … in eine Mutter verwandelt** – und das war's. Als wäre da nichts mehr von der Frau, die einst so scharf auf mich war. Sie macht mir ständig Vorwürfe und alles dreht sich nur noch um das Kind, ich habe nicht mehr das Gefühl, ein richtiger Mann zu sein, der von seiner Frau geliebt und begehrt wird, ich bin nur noch ein Vater. **Ich habe mich in einen Vater verwandelt**, der arbeiten geht, Geld verdient und, wenn er zu Hause ist, bitteschön den Haushalt schmeißen und sich um das Kind kümmern soll, weil Madame ja sonst den ganzen Tag so viel zu tun hat.«

»Das ist schlimm«, sagt Andreas und spendiert noch ein Bier.

Mehr muss zwischen den Freunden nicht gesagt werden, denn auch bei Andreas ist die Libido inzwischen ein nicht allzu häufiger Gast in der Beziehung.

Peter muss unwillkürlich schmunzeln, als er an einige puritanische Freunde seiner Jugend denkt, die das Mantra »Kein Sex vor der Ehe!« verbreitet hatten. Wenn die wüssten, dass kein Sex erst nach der Eheschließung kommt, meistens nach den ersten zwei bis drei Jahren und verstärkt, wenn Kinder da sind.

Kinder können unglaublich effektive Koitus-Verhinderer sein, vielleicht ist das ihre Art, unterschwellig Konkurrenz in Form von Geschwistern zu vermeiden?

Dann, wenn ein Kind da ist, so denkt Peter ein wenig zynisch, hat der Sex ja auch seinen naturgegebenen Zweck erfüllt, könnte man sagen. Wozu also noch mehr davon? Die armen Kerle, die dann nicht mal Sex vor der Ehe hatten …

Sexualität, Liebe, Leidenschaft und Lust sind seit Anbeginn der Menschheit ein immer aktuelles und beileibe nicht leicht zu lösendes Feld – ebenso für großen Genuss und Erfüllung wie auch für Frust und Probleme zwischen Mann und Frau.

Während der ersten Phase frischer Verliebtheit ist in fast allen partnerschaftlichen Verhältnissen nur von großer Leidenschaft und wilder Lust, von gegenseitigem Begehren und schier unstillbarem Verlangen die Rede.

Aber es ist doch immer wieder erstaunlich und oft bedauerlich, dass sich dieser Zustand nicht bis ans Lebensende hinfort verlängern lassen will. Ganz im faustischen Sinne wären nicht wenige Männer bereit, ein »Augenblick verweile doch, du bist so schön!« zu rufen und die Seele dem Mephistopheles anheim zu geben, wenn sie damit die gleichbleibend hochfrequente Leidenschaft erhalten könnten, die nur eine frisch verliebte Frau ihnen schenken wird.

Im Laufe der Jahre verändert sich etwas zwischen Mann und Frau. Aber was? Nun, es hängt wahrscheinlich einerseits damit zusammen, dass die erste Zeit der feurigen Leidenschaft immer auch eine Art Entdeckungsreise darstellt, in der jeder immer wieder neue Seiten und Wunder beim Partner ausmachen kann, alles ist neu und will erforscht werden, alle Spielarten der Liebe werden ausgetestet und gemeinsam ausprobiert. Der neue Partner, die neue Partnerin erscheint im Halbdunkel einer geheimnisvollen Versprechung und immer wieder öffnen beide kleine geheime Geschenke ins tiefere ICH des anderen. Es ist ein Abenteuer auf der Suche nach dem Innersten, nach dem Wesen des Menschen, mit dem man so oft wie möglich EINS sein möchte.

Hat man dieses innere Wesen dann irgendwann einmal gefunden, so suchen beide noch eine ganze Weile weiter in der Hoffnung, doch noch mehr zu entdecken, aber irgendwann meint man, sich gegenseitig gut, vielleicht sogar zu gut zu kennen, und verliert dann ganz allmählich und zunächst schleichend das Interesse an der großen Suche, wenn auch noch nicht am Partner selbst. Die Phase der ersten großen Suche kann natürlich sehr unterschiedlich lang andauern. Wenn aber dann die erste feurige Leidenschaft in einer, nun, drücken wir es positiv aus, tiefergehenden Liebe aufgegangen ist, dann geschieht geschlechtsspezifisch etwas Bemerkenswertes. In dieser Art von Beziehungen, die mittel- bis langfristig angelegt sind – wir sprechen hier von Beziehungen ab zwei Jahren Dauer aufwärts –, in diesen Beziehungen ist es in circa 85 Prozent der Fälle schon so, dass der Mann etwas häufiger an konkreter Körperlichkeit mit seiner Partnerin interessiert ist als die Frau an ihm. Auch dies ist ein sich langsam vollziehender Vorgang, der beiden zunächst nur selten bewusst wird. Erst wenn die Unterschiede deutlicher werden und der Mann durch die naturbedingte, hormonelle Unruhe immer seltener zur körperlichen Tiefenentspannung findet, fragen sich einige Paare: *Was ist bloß los? Warum ist nicht mehr so viel los?*

Dank des männlichen Sexualhormons Testosteron ist Männern auch in langfristig angelegten Beziehungen ein statistisch signifikant höherer Sexualtrieb anheim gegeben als dem Durchschnitt der Frauen. Genau dieser Umstand führt in heterosexuellen Partnerschaften quasi zwangsläufig zu dem Problem, dass Mann und Frau eine unterschiedliche Häufigkeit libidinöser Vereinigungen präferieren. Wie neuere wissenschaftliche Untersuchungen belegen, hängt einiges damit zusammen, dass Frauen ohne Sexualität auch viel länger überleben können als Männer. Tatsächlich sterben die Frauen nicht einfach so, wenn sie keine Sexualität ausüben. Bei Männern kommt es allerdings leider irgendwann zu ganz plötzlichen Todesfällen, aufgrund eines längerfristigen Sexualmangels. Euphemistisch wird die Todesursache dann als »plötzlicher Herztod« oder »plötzliches Kreislaufversagen« oder »plötzlicher Gehirnschlag« verklausuliert.

Was sich allerdings hinter diesen fadenscheinigen Begründungen der Pathologen verbirgt, sagt Ihnen bisher nur das vorliegende Buch:

»Plötzlicher Mannestod durch akute Unterbeschäftigung der primären Sexualorgane.«

Selbstverständlich wird kein Arzt der trauernden Witwe ins Gesicht sagen:

»Tja, hätten Sie Ihrem Mann Ihre Liebe auch öfter mal körperlich zu spüren gegeben, so würde er hier nicht tot rumliegen.«

Niemand wird das je so sagen, ich auch nicht! Aber es ist doch interessant, dass die häufigsten Todesfälle von Männern in den westlichen Industrienationen auf angebliche Herz-Kreislauf-Schwächen zurückzuführen sind. Und natürlich ist mit dem »Kreislauf« beim Mann immer auch der Aufbau und die Abgabe seiner in zäher Flüssigkeit verpackten Genanlagen gemeint, auch wenn das jetzt einige prüde und nicht optimal informierte Mediziner kopfschüttelnd verneinen werden.

Ich weiß, dass die faktische Wahrheit an dieser Stelle kaum ohne Widerspruch bleiben wird, aber es ist doch klar, dass Flüssigkeitsstau zu Ablagerungen in den Gefäßen und am Ende zu Herztod, Kreislaufversagen und Gehirnschlag führt (wenn sich der Stau bis ins Hirn fortgesetzt hat).

Sollten Sie also in Zukunft davon hören oder lesen, dass ein Mann Mitte vierzig, der doch ach so sportlich war, nie geraucht hat und anscheinend mitten im Leben stand, an plötzlichem Herzversagen gestorben sei, dann ahnen Sie nun vielleicht, dass hinter all dem eventuell doch eine ganz profan traurige Tatsache stand: Der Mann wurde schon lange nicht mehr geliebt und zwar in konkret körperlicher Hinsicht.

Dies kann jetzt natürlich bei einigen Frauen dazu führen, dass sie sich unterschwellig unter Druck gesetzt fühlen, der Leidenschaft des Mannes nachzugeben, auch wenn sie selbst vielleicht nicht immer in eben derselben Stimmung sind. Beim Mann aber kann, und das kommt ja noch hinzu, eine mehr als zweimalige Zurückweisung sehr leicht zur Kränkung seines maskulinen Selbstwertgefühles führen. Männer fühlen sich oft nicht mehr geliebt, wenn die Frau ihrer Liebe nicht durch körperliche Vereinigung Ausdruck verleiht. Die sprachmündliche Versicherung der Frau: »Ich liebe Dich!«, klingt in den Ohren eines Mannes sehr schnell fad, hohl und wie eine Lüge, wenn sie auf Seiten der Frau nicht durch eben die Leidenschaft belegt wird, die beide am Anfang ihrer Beziehung erlebt haben. Sobald aber die Frau auch nur ein einziges Mal Sex aus Mitleid mit ihm oder aus einem nicht ganz rational begründeten Gefühl von »Pflichtbewusstsein« heraus hat, wird der Sexualtrieb der

Frau noch schneller verebben. Um diesen einerseits peinlichen, andererseits nahezu dramatischen Kreislauf zu durchbrechen und irgendwie wieder zu einer leidenschaftlichen Zweisamkeit zurückzufinden, werden viele Männer überaus kreativ und versuchen, durch zarte und vorsichtige Zweisamkeitsangebote die Frau ganz sachte zu erotisieren, indem sie der Frau zum Beispiel eine Massage am Abend anbieten.

Massagen und der Nutzen libidinöser Zweisamkeit zum TAGESABSCHLUSS

Es wird für einige Leserinnen vielleicht eine neue Erkenntnis sein, aber:

Ein vom Mann an Sie ausgegebenes Massageangebot in einer festen Partnerschaft transportiert auf jeden Fall und in nahezu 95 Prozent der Fälle eine eindeutige Kopulations-Absicht.

Nun gibt es offensichtlich viele Frauen, die, wenn der Partner sie fragt:»Soll ich Dich heute Abend massieren?«, denken:

»Oh, fein, mein fürsorglicher Mann wird mir heute Abend mit seinen sensiblen, vorgewärmten Händen während einer Dauer von mindestens **ein bis zwei Stunden** hochprofessionell den Nacken und den Rücken massieren, während ich in aller Seelenruhe **einschlafen** kann. Darauf freue ich mich, das wird **gemütlich.**«

Der Mann seinerseits hatte hingegen eine andere Agenda – als innerpartnerschaftlicher TAGESABSCHLUSSGEFÄHRTE –, die mit folgendem Gedankengang einigermaßen umfassend beschrieben werden kann:

»Spitze! Innerhalb von **eineinhalb bis zwei Minuten** arbeite ich mich von ihrem Nacken hinunter über den Rücken bis zum heiligen Tempel der Venus vor. Dann werden wir weitere drei bis maximal fünf Minuten Vollgas geben und die Sache ist erledigt. Anschließend kann ich in aller Seelenruhe dem wohlverdienten Schlaf anheim fallen. Endlich werde ich wieder einmal diese wohlige, samtweiche Tiefenentspannung fühlen, die mir nun schon bereits seit mehr als zwei Wochen verwehrt geblieben ist. Endlich werde ich auch einmal wieder volle sieben Stunden durchschlafen können und nicht des Nachts durch hormonell bedingte Albträume aus dem Schlaf gerissen.«

Der Mann freut sich auf ein Fest der Sinne, das ihm Erleichterung und Seelenbalsam zugleich ist, die Frau auch, aber beide stellen sich den Weg dahin unter dem Begriff »Massage« komplett anders vor.

Ich habe in diesem Zusammenhang eine wissenschaftlich fundierte Untersuchung durchgeführt, um empirisch zu überprüfen, ob dem Wort »Massage« tatsächlich ein genderistischer Assoziationsunterschied innewohnt.

Massagen wissenschaftlich untersucht

Eine Kurzbefragung von 1000 Männern und 1000 Frauen sollte Klarheit darüber erbringen, ob allein das Wort »Massage« unterschiedliche Assoziationen bei Mann und Frau hervorruft – anhand des folgenden Fragebogens:

1. Woran denken Sie, was assoziieren Sie als Erstes, wenn Sie das Wort »Massage« lesen beziehungsweise hören? Kreuzen Sie bitte jetzt ganz spontan und ohne groß zu überlegen an:

Bei dem Wort »Massage« denke ich an …
   a) Entspannung
   b) Schmerzen im Rücken
   c) Erotik

Was glauben Sie, welches Ergebnis diese kleine Untersuchung zutage befördert hat?

Wie zu erwarten war, denken die Männer statistisch signifikant öfter spontan an Erotik als die Frauen. Es kam sogar noch besser, als wir ursprünglich zu hoffen gewagt hatten. Nicht wenige der befragten Männer haben die Antwortmöglichkeiten proaktiv und in Eigenregie geändert, indem sie drei Antwortmöglichkeiten in eine neue zeitliche Abfolge sortiert haben.

Diese Männer haben geschrieben:

»Bei Massage denke ich zuerst an Erotik (c). Unmittelbar danach habe ich wahrscheinlich Schmerzen im Rücken (b). Später kommt dann endlich die Entspannungsphase (a), bitte nicht mehr ansprechen, ich muss jetzt schlafen.«

Und weil es tatsächlich so ist, dass Männer bei Massage viel öfter und viel deutlicher an Erotik denken, haben inzwischen sehr viele professionelle Thai-Massage-Studios (*bei Männern lautet die Steigerung von* »*Massage*« = »*professionelle Massage*«. *Die Steigerung davon lautet* »*professionelle Thai-Massage*« *und der Superlativ davon lautet* »*professionelles Thai-Massage-Studio*«) darauf reagiert.

Bei den professionellen Thai-Massage-Studios handelt es sich in aller Regel um sehr seriöse Einrichtungen, die inzwischen fast ausnahmslos ein sehr großes Zusatzschild über dem Eingang haben anbringen lassen mit dem deutlichen Hinweis: »Keine Erotik!«. Vielleicht sind einige der männlichen Leser auch schon einmal enttäuscht an so einem seriösen Massagestudio vorbeigefahren, weil sie zunächst fälschlich fröhlich assoziiert hatten: »Oh, nur 40 Euro, das ist aber günstig!«, um dann enttäuscht noch den Zusatz zu lesen: »Ach so, keine Erotik, dann ist das ja doch nicht so billig …« Warum haben seriöse Massagestudios die Zusatzschilder mit dem unerotischen Hinweis angebracht? Selbstverständlich nur, weil da offensichtlich eine größere Anzahl von Männern das Massagestudio zuvor mit komplett falschen Absichten betreten hatte und dann quasi hochkant wieder rausgeflogen war.

Der überdeutliche Hinweis »Keine Erotik!« vermeidet falsche Assoziationen bei der männlichen Kundschaft und erspart dem Personal im Thai-Massage-Studio Diskussionen.

Männer können übrigens sehr gut mit klaren Ansagen umgehen. So ein Schild wirkt Wunder!

Haben Sie schon ähnliche Erfahrungen gemacht?

So vermeiden Sie Massageangebot-Missverständnisse

Wenn Ihr Partner Sie mit charmantem Lächeln fragt: »Schatz, soll ich Dich heute Abend so richtig schön massieren?«, dann geben Sie, um Missverständnisse zu vermeiden, am besten eine der folgenden erprobten Antworten.

1. Sollten Sie selbst auch nicht ganz uninteressiert an einer körperlichen Vereinigung sein (was wir ja nicht ausschließen wollen), dann sagen Sie doch einfach so etwas wie:
»Massage? Ja gern. Und wenn du dir besondere Mühe gibst, dann könnte es eventuell auch noch ein erotisches Anschlussspielchen geben.«

2. Oder, wenn Sie bereits im Vorhinein wissen, dass Sie dazu heute Abend nun wirklich keine Lust haben, antworten Sie: »Massage? Ja gern, aber bitte nur den Rücken und heute **keine Erotik!**«, dann weiß der Mann Bescheid und wird sich keine falschen Hoffnungen machen.

Die Massage selbst wird dann zwar auch nicht länger als eineinhalb bis zwei Minuten dauern, aber das ist immerhin noch besser als gar keine Massage. Für eine länger andauernde Massage können Sie den Mann nach mehr als zwei Jahren Beziehung mit Ihnen für gewöhnlich nur noch dann begeistern, wenn Sie ihm realistische und berechtigte Hoffnungen auf das oben erwähnte »erotische Anschlussspielchen« machen.

Vater, Mutter, Kind ...

»Jetzt kümmere Du Dich doch bitte auch mal um Theresa!«

Claudia blickt Peter – der gerade eine Zeitung liest – vorwurfsvoll an, als sie sich ihm mit der gemeinsamen Tochter auf dem Arm nähert und ihm das durchnässte, fäkaldurchtränkte Kind reicht.

»Ich habe Theresa jeden Morgen, wenn Du noch schläfst, und nach der Arbeit möchte ich einmal in Ruhe die Zeitung lesen dürfen. Meine Güte, ich stehe morgens um halb sechs auf, wenn sie schreit, kümmere mich um sie, wickele sie, ziehe sie an, lege sie mit der Flasche zu Dir ins Bett und muss dann zur Arbeit, während Du noch mit Theresa gemütlich im Bett liegen kannst. Dann arbeite ich den ganzen Tag, damit wir alle einigermaßen komfortabel leben können und wenn ich dann ziemlich fertig von der Arbeit nach Hause komme, drückst Du mir das Kind sofort wieder in die Arme. Das ist ein bisschen viel, findest Du nicht?«

»Du findest, das ist **zu viel**? Deine eigene Tochter wird Dir **zu viel**, wenn Du sie morgens und abends eine halbe Stunde siehst, bevor sie einschläft? Eine Stunde am Tag mit Deiner Tochter zu verbringen, ist Dir **zu viel**? Vielleicht sind wir beide Dir ja zu viel? Vielleicht würdest Du ja lieber ganz auf uns verzichten, dann kannst Du so viel Zeitung lesen, wie Du willst, und brauchst auch nicht mehr dafür zu sorgen, dass wir *einigermaßen komfortabel leben*. Vielleicht hast Du ja von all dem hier genug?«

Die kleine Theresa windet sich derweil in ihren Körperausscheidungen und fängt an zu schreien, das Kind spürt die unterschwellige Prise aufkeimender Feindschaft zwischen den Eltern.

Peter schließt kurz die Augen, presst die Lippen aufeinander, seufzt und erwidert entschuldigend:

»So habe ich das doch gar nicht gemeint! Ich bin nur erschöpft, verstehst Du? Gib sie her, ich mache sie sauber.«

»Nein, das kann ich schon allein. Lies Du nur weiter Zeitung, das scheint ja überaus wichtig zu sein. Offenbar viel wichtiger, als Deine Tochter mal eben kurz zu trösten und ihr eine neue Windel anzuziehen. Wir wollen ja nicht, dass der Herr zu viel Zeit mit seiner Tochter verbringt, man kann ja auch nicht erwarten, dass er eine ganze Stunde am Tag für sie da ist, das wäre ja wohl ein bisschen **zu viel**!«

Claudia wendet sich mit dem schreienden Kind im Arm von Peter ab, geht ins Kinderzimmer und schließt die Tür.

Peter ist die Lust an der Zeitung vergangen und er starrt gedankenverloren aus dem Fenster.

Was ist hier los? Seit Theresa ein halbes Jahr alt ist, hat sich die Ehe mit Claudia dramatisch verschlechtert. Alles dreht sich irgendwie nur noch ums Kind. Die ersten Monate war das wunderbar, beide waren ganz versessen auf das süße Baby und konnten nicht genug davon bekommen, mit ihrem Kind zu kuscheln und es zu füttern. Sogar mehrmals nachts aufzustehen, war anfangs weder für Claudia noch für Peter ein Problem. Aber mit der Zeit haben sich die elterlichen Energiespeicher einem kritischen Zustand genähert. Das Kind fordert weiter volle Zuwendung und der Schlafentzug – insbesondere von Claudia (die noch nicht wieder arbeitet und daher immer nachts aufsteht, damit Peter im Büro nicht einschläft) – ist der Zweisamkeit der Ehepartner und der daraus resultierenden Leidenschaft in der Ehe nicht unbedingt zuträglich.

So oder ähnlich ergeht es vielen Ehepaaren, die ein Kind bekommen. Die ersten Wochen strahlen beide – vom Wunder des neuen Lebens im allseitigen Glück. Je mehr Zeit dann vergeht, umso mehr fallen allerdings einige stark veränderte Aspekte ins Gewicht, die das Zusammenleben der Partner deutlich erschweren können:

- Kaum Zeit für Zweisamkeit.
- Deutlich reduziertes Sexualleben – die Folge: Lendentinitus.
- Schlafentzug – Übermüdung.
- Unterschiedliche Auffassungen bezüglich der Kindespflege.
- Unterschiedliche Auffassungen bezüglich der eigenen Körperhygiene.

Claudia und Peter wohnen seit fünf Jahren zusammen in einer Wohnung und vor etwas mehr als ein Jahr ist die kleine Theresa dazugekommen. Der Alltag ist mit eingezogen und berufliche Verpflichtungen sowie die Versuche, den Tagesablauf für das Kind halbwegs strukturiert zu gestalten (das soll ja angeblich gut für die Entwicklung des Kindes sein), lassen wenig Raum und Zeit für partnerschaftliche Innovationen.

Was passiert, wenn ein Paar über die anfängliche »Abenteuerphase« hinausgewachsen ist und das gemeinsame Wohnen mit Kind zu einer Selbstverständlichkeit geworden ist?

Sobald sich dieser Zustand nähert, wächst ganz allmählich die Gefahr von zeitweiliger Stagnation …

Lendentinitus, Windelwahnsinn und andere Ehekrankheiten

»Ich hätte Dich gerne wieder mal ein paar Stunden nur für mich, für uns.«

Peter spricht aus, was er schon seit Monaten vermisst, die partnerschaftliche und auch körperliche Nähe zu seiner Ehefrau.

»Zeit? Ja, Zeit füreinander hatten wir weiß Gott sehr wenig in den letzten Monaten. Aber Du bist ja auch den ganzen Tag weg, während ich mich hier zu Hause um alles kümmern muss. Und wenn Du dann nach Hause kommst, willst Du Dich auch eher mit der Zeitung beschäftigen als mit uns. Also bleibt auch der Abend wieder an mir hängen. Wenn Theresa dann endlich im Bett ist, muss ich noch die Wäsche machen und zumindest das Nötigste aufräumen. Sehr erotisch ist mir dabei irgendwie nicht.«

»Aber dabei helfe ich Dir doch. Das machen wir ja zu zweit und die Zeitung lasse ich inzwischen auch ganz weg, wieso können wir nicht die Abende mal wieder so verbringen wie früher, als Theresa noch nicht da war?«

»Gibst Du jetzt etwa Theresa die Schuld dafür, dass es zwischen uns nicht mehr gut läuft? Du hättest es wahrscheinlich am liebsten, wenn ich mich den ganzen Tag um unser Kind kümmere und abends den Herrn in Reizwäsche mit einer erotischen Massage verwöhne, was?«

»Nein, so habe ich das doch gar nicht gesagt. Aber wo Du schon von Erotik sprichst, ich weiß bald gar nicht mehr, was das ist. Wir haben uns schon ewig lange nicht mehr geliebt, was ist da nur los mit uns?«

»Was da los ist? Das kann ich Dir sagen: Ich bin erschöpft, Peter! Wenn Du mir morgens die Kleine ins Bett legst, habe ich noch exakt fünf bis zehn Minuten, in denen so etwas wie Ruhe herrscht. Danach ist hier den ganzen Tag Alarm, besonders jetzt, wo Theresa wieder neue Zähne kriegt, Schnupfen hat, krabbelt und sich überall hochziehen will. Alle Schubladen macht sie auf, alles holt sie überall raus. Ich muss ständig aufpassen, dass sie sich nicht verletzt oder irgendwo runterfällt. Und so ganz nebenbei muss ich auch noch kochen, aufräumen, putzen, einkaufen und die Windeln wechseln. Ich kann nicht mehr, verstehst Du? Dann kommst Du nach Hause und willst erst Deine Ruhe und dann Sex haben. Was verlangst Du eigentlich von mir? Soll ich nach einem solchen Tag das Kind ins Bett legen, ins Bad verschwinden, mir den Intimbereich rasieren und als sexwütige femme fatale auf Dich losstürmen? Was erwartest Du?«

»Ich *erwarte* gar nichts, aber ja, ich vermisse unseren Sex, unsere Leidenschaft, unser unstillbares Verlangen aufeinander. Was wir abends maximal noch hinbekommen, ist ein bisschen ge-langweilt vor dem Fernseher zu hocken, das ist doch keine Ehe, das ist … das ist gar nichts.«

Claudia wendet den Blick ab, schluchzt leise und zeigt dann mit dem Finger auf Peter:

»So. Gar nichts ist das also? Das ist es also, was von unserer Ehe übrig bleibt? Für Dich ist unsere Ehe also nur dann **etwas**, wenn mindestens jeden zweiten Tag gevögelt wird? Wenn jeder Tag voll unstillbarem Verlangen nach körperlicher Vereinigung durch-drungen ist? Soll ich Dir was sagen? Meine Leidenschaft hat schon damals angefangen sich zu verflüchtigen, als wir ein paar Monate zusammengezogen waren und Du es dir hier so richtig gemütlich gemacht hast mit Deinen Schlabber-Pullis und diesen bescheuerten Hauspuschen. Du hast Dich doch gehen lassen und ich vermute, dass Du Dich aus absichtlichem Trotz dann auch noch so bescheuert anziehst, wenn wir irgendwo eingeladen sind, was ja auch immer seltener wird. Du hast Dich, entschuldige wenn ich das jetzt mal so deutlich sage: Du hast Dich sehr zu Deinem Nachteil verändert!«

Verändert sich ein Mann? Warum (nicht)?

An dieser Stelle möchte ich ein weit verbreitetes Missverständnis ausräumen, das Ihnen, meine überaus verehrten weiblichen Leserinnen, die Augen öffnen wird.

Viele Frauen äußern nach einigen Jahren Beziehung den folgenden Unmut: »Irgendwie hat sich mein Mann zu seinem Nachteil *verändert*.«

Sie erinnern sich an die Zeit, als Sie sich frisch in ihn verliebt hatten, da war er doch ganz anders, oder? Er war viel aufmerksamer, er hörte besser zu, er war so voller Energie und Lebensfreude, immer frisch geduscht und ein großartiger Liebhaber. Und nun scheint es der Frau, als habe sich der Mann tatsächlich zu seinem Nachteil verändert.

Aber das ist nicht der Fall.

Bitte bedenken Sie eines, meine lieben Leserinnen: Sie kannten den Mann nicht, bevor Sie ihn kennengelernt haben. Das liest sich vielleicht banal, hat bei genauerer Betrachtung aber geradezu dramatische Auswirkungen.

Ich meine Folgendes: Zu dem Zeitpunkt, als Sie sich in den Mann verliebt haben, war der Mann *verändert*. Nach einigen Jahren an Ihrer Seite kehrt er nun allmählich zu seinem wahren, zu seinem echten und ehrlichen »Ich« zurück.

Lassen Sie es mich mit aller Deutlichkeit ausdrücken: Ein Mann auf der Pirsch, ein Single-Mann auf der Suche nach Weiblichkeit und ein frisch verliebter Mann *sind verändert*. Sie werden in solchen Männern niemals den echten Mann hinter der hormongesteuerten Männlichkeit erblicken können, es ist schlichtweg unmöglich, der Mann selbst kann das nicht. Wenn Sie sich also in einen Mann verlieben, der sich ebenfalls in Sie verliebt, so seien Sie sich bitte unbedingt der folgenden unumstößlichen Tatsache bewusst:

Der Mann, in den Sie sich verliebt haben, ist nicht der Mann, der zwei Jahre später bei Ihnen auf dem Sofa sitzen wird.

Es handelt sich hier nur um eine vorübergehende, geradezu flüchtige Erscheinung, eine frisch verliebte Version des eigentlichen Mannes. Und diese Version wird sich ganz grundsätzlich von dem unterscheiden, der später neben Ihnen schnarchen wird.

Survival-Kit für unveränderbare Männer mit Lendentinitus

Akzeptieren Sie, meine Damen, dass sich der Mann an Ihrer Seite im Kern **nicht** verändern wird – außer für die kurze Zeitspanne frischer Verliebtheit. Sie könnten ihn mit extrem hohem Energieaufwand während einer Erziehungskur von mehreren Jahren höchstens verbiegen oder dressieren, bis die Seele des Mannes bricht und er nahezu hündische Charaktereigenschaften annimmt. Und selbst bei Rüden bekommen Sie das Problem der hormonell bedingten Triebhaftigkeit nur mit einer freundlichen Hündin oder einer Kastration in den Griff. Aber wollen Sie das wirklich? Wenn nicht, dann gibt es da eigentlich nur zwei Varianten:

Entweder Sie finden gemeinsam ein paar Regeln für die innerpartnerschaftliche Libido, mit der Sie beide leben können – und Sie akzeptieren und lieben ihn so, wie er ist (und schon immer war!), seit der Schleier der frischen Verliebtheit von ihm abgefallen ist.

Oder: Sie verlassen ihn, wenn Sie ihn so nicht annehmen können oder wollen!

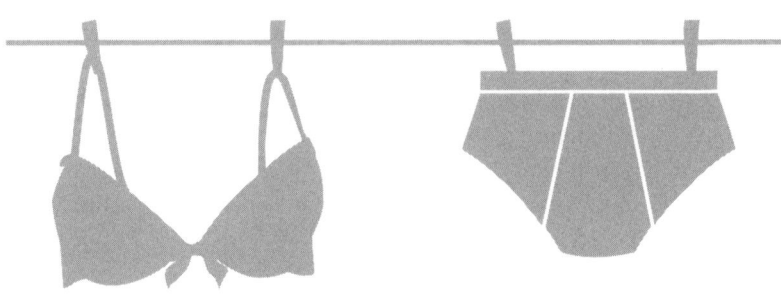

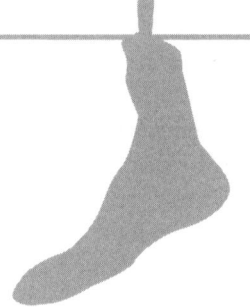

Trennung und Scheidung – Die große Verzweiflung?

»Ich verlasse Dich!«, leise, aber doch deutlich dringen diese drei Worte wie einzelne Messerstiche an Peters Ohr. Betreten blickt Claudia zu Boden. Jetzt ist es raus, sie hat tatsächlich ausgesprochen, was ihr schon so lange im Kopf umherging.

Monatelang hat sie sich selbst immer wieder mit den Gedanken an diese drei Worte gequält, die schon so lange aus ihr herauswollten. Immer wieder sagte sie sich, dass das nicht sein durfte, nicht sein konnte. Sie verdrängte diese Gedanken, sie versuchte, sich abzulenken, sie wollte es nicht wahrhaben. Aber nun hat sie es ihm gesagt. Peter starrt sie an, fassungslos. Sein Gesicht ist eine sich wie in Zeitlupe auflösende Fassade, ein Gebäude, das soeben gesprengt wird und dem wir nun in grotesker Langsamkeit beim Einsturz zusehen dürfen. Das Leben selbst scheint aus ihm zu entweichen, nicht gänzlich, aber doch ein paar seiner bisher vorherbestimmten Lebensjahre. Die 90 wird er jetzt auf keinen Fall mehr schaffen, schade eigentlich. Drei Worte, die seine Augen weiten lassen. Drei Worte, die seinen Mund sich stumm öffnen lassen. Drei Worte, die ihn wie mit einem finalen Seufzer geschätzte fünf bis sieben Lebensjahre ausatmen lassen.

»Ich verlasse Dich!«, wiederholt Claudia ein wenig lauter, ein wenig deutlicher und sieht ihn nun direkt an, als ob sie die Einschläge bei ihm nicht schon beim ersten Mal bemerkt hätte.

Langsam schließt er seinen Mund, um nicht noch mehr Lebensenergie entgleiten zu lassen. Wie mit plötzlicher Blindheit geschlagen, kann er seine Ehefrau nicht mehr sehen, die Realität verschwimmt zu einer nebulösen Wand, seine Ohren verweigern ihren Dienst, er hört nur noch wie aus weiter Ferne Claudia fragen:

»Du sagst ja gar nichts. Warum sagst Du denn nichts? Ist es Dir etwa egal, was ich gerade gesagt habe?«

Peter hat sein erstes echtes Nahtod-Erlebnis.

Er sieht sein Leben mit Claudia und der gemeinsamen Tochter als vergilbten Super-8-Film rückwärtslaufen. Er sieht, fühlt, riecht und schmeckt die gesamte gemeinsame Vergangenheit. In nur wenigen Sekunden ziehen all die glücklichen Momente an ihm vorbei, während er, wie ein Ertrinkender mit einbetonierten Füßen, erbarmungslos in die unendliche Tiefe eines klaren Sees hinabgezogen wird – den Blick stur nach oben zur Wasseroberfläche gerichtet. Um ihn herum wird es immer dunkler und stiller. All diese wunderbaren Momente in seiner Erinnerung kommen ihm so real vor:

Claudia vor dem Traualtar, wie sie sich langsam zu ihm umdreht und ihn anlächelt.

Claudia, mit dem kleinen Plastikstäbchen in der Hand wedelnd und aus der Toilette kommend, da hatte ihre Tochter ihr erstes Zeichen hinterlassen.

Claudia im Kreißsaal mit Theresa im Arm.

Die ersten unbeholfenen, irgendwie pinguinartigen Schritte ihres Nachwuchses und wie sie gemeinsam glücklich lachend die Kleine hochgehoben und fest in den Armen gehalten hatten.

All das kann er jetzt noch einmal vor sich sehen, er kann es hören, mit Musik sogar, er kann es schmecken. Doch die Farben verblassen, er gehört nicht mehr dazu. Er wird nie wieder Teil dieser Geschichte sein. Doch obwohl seine Seele dem Körper entfliehen möchte und den Körper bittet, jetzt sofort zu sterben, klammert sich sein gesunder Körper ans Leben, an die pure, nackte, nunmehr sinnlose Existenz, und weiß dabei selbst nicht genau, warum.

Er darf noch nicht sterben, er kann noch nicht sterben, seine Zeit ist noch nicht gekommen. Peter schnappt nach Luft und taucht aus der Tiefe seiner alles verschlingenden Agonie auf:

»Und wie stellst du dir das vor?«

Deutsche Ehen sind nicht besonders haltbar

Mehr als jede zweite Ehe wird heutzutage wieder geschieden und hält kaum ein Jahrzehnt. Die Ehe von Claudia und Peter gehört zu der einen Hälfte, die es erwischt, die nach einigen Jahren wieder geschieden wird.

Die Gründe dafür sind so mannigfaltig wie das Leben selbst.

Der große amerikanische Komiker Jerry Lewis, selbst scheidungserprobt, formulierte dazu eine überaus treffende Weisheit:

»Es gibt sicher viele Gründe für die Scheidung, aber der Hauptgrund ist und bleibt die Hochzeit.«

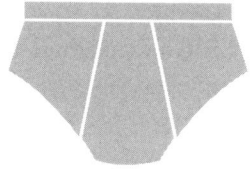

In welcher Phase leben Sie?

Kommen wir nun zu Ihnen ganz persönlich, denn dieses Buch ist in erster Linie natürlich für Sie geschrieben. Wie der Untertitel des Buches ganz richtig verrät, ist es das Buch für alle, die entweder eine Beziehung haben oder Single sind. Wie sieht es da bei Ihnen aus? Haben Sie eine Beziehung?

Wenn Sie in einer Beziehung leben ...

Wie lange leben Sie mit Ihrem Partner, Ihrer Partnerin zusammen? Sind Sie verheiratet? Wenn Sie bereits länger als vier Jahrzehnte verheiratet sind, können Sie mit Stolz behaupten, dass Sie zur immer seltener werdenden Spezies der »Lebensgefährten« gehören.

Lebenslänglich Lebensgefährte?

Die Phase »Lebensgefährte« (sie gilt eindeutig als schwerste Phase) ist lediglich einmalig zu erreichen. Natürlich ist es theoretisch schon möglich, dass ein Lebensgefährte nach dem Tod des Partners, beziehungsweise der Partnerin, erneut Single, TAGESABSCHLUSSGEFÄHRTE und/oder Lebensabschnittsgefährte wird. Aber niemals wieder kann er erneut Lebensgefährte werden, das ist nur einmal möglich. Es sei denn, Sie verfügen über den einmaligen Luxus, zwei Leben führen zu können und auf jeden Fall älter als 98 Jahre alt zu sein.

Um dies zu erreichen, müssten Sie mit Beginn Ihrer Volljährigkeit (18 Jahre) geheiratet haben (selbst schuld), Ihre Frau müsste nach exakt 40 Ehejahren sterben (Sie wären dann 58 Jahre alt), was einerseits natürlich tragisch wäre, aber in der

hier beschriebenen Konstellation auch schon sehr unwahr-
scheinlich erscheint.

Nach dem Tode Ihrer ersten Frau sollten Sie flott erneut
heiraten und mit der zweiten Ehefrau ebenfalls mindestens
40 weitere Jahre die Ehe gestalten (puh!), dann wären Sie
98 Jahre alt (weniger als ein Prozent der männlichen Bevölkerung wird so alt), hätten zwei echte Lebensgefährtinnen gehabt und könnten sicher ganz beruhigt und entspannt Ihrem
Schöpfer entgegentreten.

Aber bleiben wir realistisch, so ein Leben mit zwei Ehe-
frauen, die es jeweils 40 Jahre mit Ihnen aushalten, ist etwas für
das Guinnessbuch der Rekorde, nicht für dieses Buch.

**Mal ehrlich: Für wie erstrebenswert halten Sie ein solches
Leben?**

Sehen Sie …

Wenn Sie hingegen weniger als 40 Jahre, aber länger als zwei
Jahre eine Beziehung führen, dann sind Sie »Lebensabschnittsgefährte« mit der Option auf »Lebensgefährte«, wenn Sie noch
bis zum 40. Beziehungsjahr durchhalten.

Liebe mit Mindesthaltbarkeitsdatum:
Der Lebensabschnittsgefährte

Meist nach den ersten fünf Jahren Beziehung oder auch zwei
Jahren Ehe sehen viele Frauen den eigenen Ehemann mit anderen Augen und begutachten sein Äußeres noch einmal gründlich. Die Frau wendet ihren Blick also zum Manne hin und
beäugt ihn als sitzendes Ganzes mit zunehmender Skepsis.

Wer oder was hockt hier eigentlich neben mir?, fragt sie sich
im Stillen und kann kaum glauben, was ihre Augen ihr zeigen.
Sie wundert sich: »Mir scheint, der Mann hat sich verändert.«
Sie steht auf, geht ins Schlafzimmer und betrachtet immer wieder aufs Neue das Hochzeitsfoto, welches seit Jahren hübsch
eingerahmt neben ihrem Bett steht. Ja, denkt sie sich, ich erin-
nere mich an diesen schlanken, strammen, lebensfrohen, unter-
nehmungslustigen Mann, der mir zudem ein leidenschaftlicher

Liebhaber mit schier nicht enden wollender Lust so viel Vergnügen bereitete.

Wer nur ist jetzt dieser Mann hier im Wohnzimmer?

Die unverkennbare, äußere Veränderung des Mannes ist allerdings nur ein kleiner, nicht ganz so entscheidender Faktor für die sich stetig steigernde Frustration der Frau. Viel ausschlaggebender und letztendlich entscheidend ist der persönliche Eindruck der Frau:»Ich finde, unsere Beziehung stagniert.«

Stagniert? Einige der männlichen Leser werden sich jetzt vielleicht fragen:»Ja und? Ist das schlimm? Stagnation?«

Nun, ich darf Ihnen verraten, dass es in der Wahrnehmung und in der Bedeutung innerehelicher Stagnation sehr große Unterschiede zwischen Mann und Frau gibt.

Stagnation (von lat. *Stagnatio* = »Flüssigkeitsstau im Körper«) bedeutet im allgemeinen Sprachgebrauch, dass eine bestimmte Variable kein Wachstum erfährt, es kommt zu Stillstand und Stockung.[4]

Wenn in einer Ehe »eine bestimmte Variable kein Wachstum erfährt« oder gar jegliche Form des Stillstands Einzug hält, dann befinden sich Mann und Frau in einem immer gleichen Tagesablauf von kleinen und großen Routinen wieder, die im Laufe von einigen Jahren jedwede Leidenschaft, Liebe und die Neugierde auf den Partner erschlaffen lassen können.

Während es für Frauen kaum Schlimmeres in einer Beziehung gibt als Stagnation, können sich die meisten Männer recht komfortabel häuslich darin einrichten. Die Stagnation auf einem gemütlichen Status Quo relativer finanzieller Sicherheit und allabendlichen Abläufen mit Hinzunahme audiovisueller Konsumfreuden (Fernsehen) kann für viele Männer ein erstrebenswertes Ziel darstellen, auch wenn fast alle Männer dies vehement verneinen werden. Für Frauen gilt es als erstrebenswertes Ziel, genau diesen Zustand zu vermeiden.

---

4 Vgl. Brockhaus' Kleines Konversationslexikon, 5. Auflage, Band 2. Leipzig 1911. Seite 751.

Das Einzige, das für so ziemlich alle gesunden Männer im Alter von 14 bis 85 Jahren ein wirklich richtig großes Problem in Sachen Stagnation darstellt, ist und bleibt der »Flüssigkeitsstau im Körper«.
Ein lebensbegleitendes und nie enden wollendes Problem mit extrem hohem Energiepotenzial …

Möglicherweise haben Sie in Ihrem Leben auch schon verschiedene Phasen durchlebt, das Ganze ist ja nicht zwingend chronologisch zu betrachten. Aus Lebensabschnittsgefährten können sowohl Lebensgefährten als auch TAGESABSCHLUSS-GEFÄHRTEN oder erneute Lebensabschnittsgefährten oder Singles werden, die wiederum alle möglichen Stufen erreichen können.

Wenn Sie Single sind …

Wenn Sie Single sind und zur großen Gruppe der Ü-30-Kandidaten gehören, dann haben Sie ganz bestimmt (hoffentlich!) schon so einige Erfahrungen mit dem anderen Geschlecht gemacht. Sie haben wahrscheinlich die ein oder andere Kurzzeitbeziehung erlebt, vielleicht waren Sie auch schon einmal oder mehrmals Lebensabschnittsgefährte oder Lebensabschnittsgefährtin. Möglicherweise haben Sie auch schon eine Eheerfahrung gemacht und sind danach wieder Single geworden? Wie auch immer Ihre persönlichen Erfahrungen auf dem Gebiet der Liebe bisher verlaufen sind, es sind Ihre ganz eigenen Geschichten von Liebe, Lust und Leidenschaft, von Glück, Erfüllung und Herz, vielleicht auch von Trauer, Frust und Ärger. Aber wie und was Sie auch erfahren haben, Sie sind mit diesen Erfahrungen nicht allein. Auch Peter ist jetzt, nach seiner Scheidung von Claudia, wieder Single …

Verlassene Ehemänner – Wer bin ich und wenn ja, wieso?

»Dein ewiges Gejammer ist ja nicht mehr auszuhalten!«, beschwert sich Andreas, als er sich mit Peter trifft. Die beiden sind schon lange gute Kumpels. »Ständig Trübsal zu blasen und immer nur auf die traurige Katastrophe zurückzublicken, bringt doch nichts! Mann! Es ist jetzt über ein Jahr her, dass die Scheidung ausgesprochen wurde, jetzt komm mal langsam wieder hoch! Hör zu, ich bin Dein bester Kumpel, aber auch ich kann es nicht mehr länger ertragen, wie Du mir die Ohren vollheulst. Dagegen müssen wir jetzt mal was unternehmen. Heute Abend gehe ich mit ein paar von den Jungs und einigen Mädels in den neuen Laden und Du kommst mit!«

Peter windet sich seufzend: »Ach nee, was soll ich da? Ich versaue doch eh allen nur die gute Laune.«

»Nein. Das wirst Du nicht tun. Du wirst mit mir gemütlich ein Bier trinken und das ganze Elend mal hinter Dir lassen, Du wirst Dich heute Abend zum ersten Mal seit über einem Jahr wieder amüsieren! Okay?«

»Na gut, ich versuche es.«

Pünktlich um halb acht sitzt Peter zusammen mit Andreas und einigen anderen Leuten, die er noch gar nicht kennt, in der angeblich derzeit so angesagten neuen Szenegastronomie und trinkt ehrlich beherzt sein Bier, obwohl es ihm nicht so richtig gelingen will, in den Abend hineinzufinden. Dabei hat er sich heute tatsächlich endlich mal wieder richtig adrett zurechtgemacht. Er hat sich frisch rasiert, war sogar noch beim Friseur und hat sich einigermaßen passabel gekleidet. Dies alles allerdings eher, um Andreas nicht zu enttäuschen, als für sich selbst.

Dennoch fühlt er sich seit Langem endlich einmal wieder einigermaßen gut und lebendig, als sein Blick über den Rand seines Bierglases hinweg durch die Menge schweift, die sich in diesem Laden eingefunden hat.

»Sind diese Menschen glücklich?«, streift ihn ein Gedanke, als er in die Augen einer dunkelhaarigen Frau blickt, die zwei Tische weiter mit einem Mann sitzt, von dem sie ganz offensichtlich gelangweilt ist. Der Mann sitzt ihr gegenüber und redet ohne Unterlass. Er scheint dabei gar nicht zu merken, dass ihm die Frau schon lange nicht mehr zuhört. Wie zufällig trifft ihr gelangweilter Blick auf Peter und für den Bruchteil einer Sekunde verstehen sich beide wortlos. Peter ahnt, dass dieser Mann sie mit den Erzählungen seiner modernen Heldentaten bereits seit Stunden langweilt, weil er nur von sich erzählt und nichts von ihr erfahren will. Sie wiederum sieht einen tiefen Schmerz in Peters Augen, der sie fragen lassen möchte, wie es dazu kam.

Sie lächelt Peter kurz verständnisvoll und voller Wärme an, als sie sich unmittelbar darauf mit einem Schulterzucken von ihm abwendet und wieder so tut, als höre sie dem Mann ihr gegenüber zu.

Peter ist von dieser kurzen Begegnung wie elektrisiert. Ohne dass gesprochen wurde, war da ein Kontakt, ein Bewusstsein, das in seines gedrungen ist, ohne ihn zu kennen. Jemand, eine Frau, hat Interesse an ihm gezeigt, wenn auch nur für einen winzigen Moment. Aber allein das, allein dieser flackernde Augenblick entzündet eine kleine, warme Kerze im bis dahin vermauerten Herzen von Peter.

Neustart in der Singlebörse im Internet – Casanova oder Langeweiler?

»Ich werde mich bei einer Singlebörse im Internet anmelden«, raunt Peter seinem besten Freund Andreas leise zu, als sie beide leicht gedankenverloren durch die Ausstellungsflächen eines großen Elektronikfachmarktes schlendern. »Hast Du das auch schon mal gemacht?«

»Natürlich nicht!«, schwindelt Andreas und fügt mit gespielter Bestimmtheit an: »Das geht doch nicht, ich bin in einer festen, glücklichen Beziehung, ich werde bald heiraten. Du bist mein Trauzeuge! Was denkst Du denn von mir?«

Peter verdreht amüsiert die Augen. »Ja klar, ich hatte es fast vergessen. Nun, das ist wohl einer der Vorteile, wenn man geschieden ist, oder? Ich darf mich jederzeit nach willigen Damen umschauen!«

»Aber Du musst mir unbedingt davon erzählen, das hört sich spannend an.«

»Natürlich, ich werde Dich unter meiner reich gedeckten Damentafel hocken lassen und Dir ein paar Brotkrumen reichen, Du armer, monogamer Mann. Ich werde Dir von meinen wilden Eskapaden berichten und Du wirst vor Neid erblassen.«

Verlassene Ehemänner leiden als Männer mit vernarbten Herzen oft unter starken Selbstzweifeln.

Selbst wenn sie den Schmerz der Trennung überwunden haben und die Wunden geheilt und vernarbt sind, selbst wenn dann irgendwann die Lust auf eine neue weibliche Bekanntschaft in ihnen erwacht, trauen sich verlassene Männer zunächst kaum, offen und direkt auf Frauen zuzugehen.

Das Internet hilft solchen Männern, sich hinter der Anonymität eines Pseudonyms zu verstecken und zunächst eine allgemeine und unverbindliche Sichtung des aktuell zur Verfügung stehenden weiblichen Single-Potenzials vorzunehmen.

Wenn ich bei meinen Live-Auftritten das Publikum frage, wer denn schon einmal Erfahrungen mit Singlebörsen im Internet gemacht hat, dann meldet sich fast niemand, was eigentlich verwundert, wenn man den Werbeanzeigen der Internet-Singlebörsen-Betreiber Glauben schenken darf. Denn diese behaupten immer, dass sich dort mehrere Millionen Singles suchend betätigen. Rein statistisch gesehen sollten also mehrere 100 meiner Zuschauer schon einmal damit Kontakt gehabt haben. Also entweder hat mein Publikum da tatsächlich noch keinerlei Erfahrungen gemacht oder diese Internet-Singles trauen sich das öffentliche Outing nicht, was ich für eher wahrscheinlich halte. Viel mehr interessiert mich natürlich, ob Sie, hochverehrte Leserin, hochverehrter Leser, auch schon einmal Erfahrungen mit einem Singleportal im Internet gemacht haben.

Sie können das, falls Sie es noch nicht gemacht haben, auch einfach einmal testen, es kann wirklich lustig sein. Suchen Sie sich dazu einfach im Internet eine der zahllosen Singlebörsen aus. Achten Sie zu Anfang darauf, dass das Angebot gratis ist, für den ersten Einstiegsspaß reicht das Gratispaket nämlich völlig aus.

Folgen wir nun Peter ins Internet …

Peter sitzt spätabends, leicht frivolisiert vor seinem PC und klickt sich durch zahllose Singlebörsen, das Angebot ist nahezu unüberschaubar. »Was soll's, ich melde mich jetzt einfach mal hier an, das sieht halbwegs seriös aus«, sagt er zu sich selbst und öffnet die Seite www.singlehopper.de.

Wie bei fast allen anderen internetbasierten Singleportalen auch, muss Peter sich zunächst als neues Mitglied (User) registrieren, was schnell gemacht ist. Er soll angeben, ob er ein Mann oder eine Frau ist und ob er einen Mann oder eine Frau sucht. Ganz einfache Fragen also, wie er denkt.

»Geben Sie sich nun einen Nickname«, liest sich Peter leise selbst die Eingabefelder auf der Startseite vor. »Aha, einen Nickname, ein Pseudonym ausdenken oder, wie man früher sagte, einen Spitznamen.«

Hier galt es also erstmalig, wirklich kreativ zu werden, denn niemand sollte auf diesen Internetseiten seine wahre Identität gleich zu Anfang preisgeben, man weiß ja nie, wo diese Daten dann am Ende landen und wer damit herumhantiert. Peter überlegt, verzieht seinen Mund zu einem Schmunzeln und sagt: »Alles klar, Mädels, ich gebe direkt Vollgas! Aufgepasst, hier kommt: ›Casanova69‹«. Er tippt »Casanova69« in das Formularfeld für den Spitznamen ein und drückt auf »Weiter«. Ein sogenanntes »Pop-up-Fenster« erscheint daraufhin mit dem freundlichen, aber unmissverständlichen Hinweis: »Ups! ›Casanova69‹ ist bereits online. Bitte wählen Sie einen anderen Nickname aus.«

Peter lässt die Schultern sinken, stöhnt leise auf: »*Bereits online* bedeutet wohl, dass irgendjemand vor mir auf die grandiose Idee gekommen ist, sich als 69er-Casanova den Damen anzubieten.«

Peter lehnt sich kreativ sinnierend in seinem Bürostuhl nach hinten, um sich einen neuen Spitznamen auszudenken. Aber wie sich zeigt, ist es gar nicht so einfach, einen Spitznamen zu erwischen, der noch nicht vergeben ist. Peters halbherziger Versuch, über witzige und machomäßige Spitznamen Einlass in die Singlebörse zu erhalten, scheitert ein ums andere Mal. Alle »Brad Pitts« und »George Clooneys« sind ebenso bereits online, genauso wie »Der Prinz auf dem weißen Pferd« oder »Superman«. Selbst »Bettman" (mit »e« und zweimal »t«) ist nicht mehr möglich. »Bettman«, staunt Peter, ist sogar gleich in mehrfacher Ausführung vorhanden. »Ist ja wirklich unglaublich, aber Bettman gibt es von Bettman1 bis Bettman69.«

Allmählich ist Peter ein wenig frustriert, weil er ständig dieses dämliche »Ups! xy ist bereits online …« lesen muss. Das Kinn auf die linke Hand gestützt, sagt er nach jedem Nickname-Eintrag leise und äffend kurz vor dem Klick auf »Registrieren«: »Ups!«

Aus lauter Frustration und eigentlich nur so zum Spaß gibt er schließlich flotten Fingers einen genervten »Langeweiler37«

als Spitznamen ein und bekommt nach dem Klick die Meldung: »Herzlichen Glückwunsch, Langeweiler37! Sie haben sich gratis bei uns als neuer Single registriert. Wir freuen uns sehr, dass wir Sie als Mitglied in unserer Community begrüßen dürfen, Langeweiler37!«

Ja, Langeweiler37, dieser Nickname war tatsächlich noch frei und Peter kann es kaum fassen. »Na, das fängt ja schon mal richtig gut an hier!«, murmelt er kopfschüttelnd.

Wie finde ich ein attraktives Pseudonym?

Um sich den Stress bei der Suche nach noch nicht vergebenen Spitznamen zu ersparen, vermeiden Sie ganz einfach irgendwelche Variationen von berühmten lebenden oder toten Personen, Tieren oder Gegenständen, seien sie jemals real oder auch nur fiktiv gewesen. Versuchen Sie am besten erst gar nicht ein **Mozart**, ein **Flipper** oder **der heilige Gral** (Internetspitznamen werden fast immer ohne Leerzeichen zusammen und klein geschrieben, also »**derheiligegral**«) zu sein.

Erlauben Sie sich ganz einfach den Spaß, mit eher unscheinbaren oder absichtlich unattraktiv konnotierten Spitznamen ins Internet zu gehen. Wagen Sie den Ausbruch aus der positiven Geltungssucht der Internetbenutzer und probieren Sie etwas, was außer Ihnen keiner wagen würde. Sie werden sehen, dass Sie keine Probleme mehr damit haben werden, dass jemand bereits vor Ihnen mit genau diesem, eher unattraktiven Spitznamen im Internet unterwegs ist.

Wenn Ihnen so spontan keine öden, langweiligen oder uninteressanten Internetspitznamen einfallen, dann behelfen Sie sich zunächst mit einem Namen aus der folgenden Liste. Probieren Sie einfach Ihren persönlichen Favoriten daraus aus …

- langweiligerzeitgenosse
- oederinternetuser
- nurneuedeutschebriefmarkensammler
- naechtlicherrateshowaufsportsenderfan
- Praktikerbaumarktwerbebroschuerenarchivar

Wenn Sie, spannenderweise, doch feststellen sollten: »Ups! … ist bereits online«, dann haben Sie einen anderen Leser beziehungsweise eine andere Leserin des vor Ihnen liegenden Buches gefunden.

Am besten hängen Sie dann hinter den von Ihnen favorisierten Spitznamen einfach die letzten zwei Ziffern Ihres Geburtsjahres oder Ihr Alter, dann schrumpft die Wahrscheinlichkeit, dass ein anderer **oederinternetuser XY** Ihnen zuvorgekommen ist.

Internetflirt und Realität – 2 Welten prallen aufeinander

Peter klickt sich durch die Singlebörse. Er legt ein Profil, eine Selbstbeschreibung (noch ohne Foto) an und wählt hoffnungsfroh die individuellen inneren und äußeren Merkmale aus, die ihn bei einer Frau reizen, die ihn aber nicht zu sehr an Claudia erinnern sollen.

»Toll, das ist ganz ähnlich wie bei diesen Autoportalen, wo ich anklicken kann, welche Farbe der Gebrauchtwagen haben soll, wie viel PS und wie viele Vorbesitzer maximal.«

Peter muss unwillkürlich grinsen, als er sich seine Traumfrau »zurechtklickt«. Gespannt, wie groß die Auswahl am Ende ist, drückt er auf den Button »Auswahl ansehen«.

»Wow, die Fotos dieser Frauen sind ja super!«, entfährt es ihm spontan, als er die Auswahl der Damen überfliegt, die laut Selbstbeschreibung seine Kriterien erfüllen und die selbst bei »Ich suche« genau die Kriterien angegeben haben, die Peter in seiner Selbstbeschreibung erwähnt. Peter zieht ungläubig beide Augenbrauen hoch. Die Auswahl vor ihm auf dem Bildschirm ist überaus verlockend, die Damen sehen so extrem gut aus, dass er es kaum fassen kann. Sofort liest er die Profile und Selbstbeschreibungen der einzelnen Frauen genauer durch. »Perfekt! So würde ich mir meine Traumfrau basteln, wenn ich es denn könnte. Jetzt muss ich ja nicht einmal mehr basteln, denn die absolut perfekten Frauen sind hier vor mir auf dem Bildschirm versammelt und dann auch noch in zweistelliger Anzahl! Alle sind Singles (was Peter ja schon hätte stutzig machen sollen, aber Mann ist ja oft einfach verblendet) und warten nur darauf, Nachrichten von mir zu erhalten!«

Peter schreibt umgehend ein paar schmeichelnde Botschaften an diese Traumfrauen und wartet wie gebannt auf Antwort. Eine gewisse *sportmelli32* fasziniert ihn besonders. Laut Selbstbeschreibung eine 32-jährige Gymnasiallehrerin mit den Unterrichtsfächern Deutsch, Mathematik und Sport. Eigentlich hätte er es ahnen müssen, aber Peter braucht dann doch noch 1 bis zwei Minuten, um anhand der etwas merkwürdigen Antworten festzustellen, dass er einem Betrug aufgesessen ist.

Wie wahrscheinlich kann es sein, dass eine 32-jährige Gymnasiallehrerin mit den Unterrichtsfächern Deutsch, Mathematik und Sport sich der folgenden Wortwahl und Orthographie befleißigen würde, wenn sie von einem völlig unbekannten Mann (Peter) ohne Internetfoto angemailt wird?

`langeweiler37:` »Hallo **sportmelli32,** ich bin neu hier und Dein Profil gefällt mir wirklich sehr gut, tolles Foto!«

`sportmelli32:` »Hallo langweiler37, ich fint dich total geil. ich treum schohn fon dir, schreib mir ma welche Sexpracktikken du so geil findest.«

Kleiner Tipp für Singlebörsen-Einsteiger

Hinter nahezu allen scheinbar perfekten Traumfrauen und Traummännern mit Modellfoto verbergen sich meist ein oder gleich zwei pubertierende Jungs mit überaus mangelhaften Deutschkenntnissen, die sich da in der Singlebörse einfach mal einen kleinen Spaß erlauben. **Nach kurzer Eingewöhnungsphase können Sie meist bereits anhand des Perfektionsgrades eines Profils erahnen, ob die Dame oder der Kerl echt ist oder das Profil nur eine hübsche Fassade für pubertäre Späße, Phishing-Attacken oder Werbung darstellt.** So können Sie dann sehr zielgerichtet aussortieren und sich auf eine reelle Suche begeben.

Auch Peter gelingt es nach einigen orthografischen Offenbarungseiden inzwischen immer besser, die echten Single-Frauen herauszufiltern, mit denen zu kommunizieren durchaus Spaß macht. Mitunter hat er nun sogar sehr lustigen und geistreichen Gedankenaustausch per E-Mail. Nicht alle dieser Frauen haben ein Foto online gestellt und einige sind ähnlich vorsichtig wie Peter. »Wie sieht's aus? Wollen wir uns nicht mal treffen?«, getraut sich Peter nach einiger Zeit zu mailen und möchte die Dame, die sich hinter dem Nickname »beate34« verbirgt, dann auch endlich mal live bei einem persönlichen Gespräch in nicht virtueller Umgebung etwas besser kennenlernen. Also schlägt er ein Treffen auf neutralem Gebiet in einem Café vor, der Klassiker sozusagen.

Vor dem ersten Treffen mit einer ihm bisher doch noch ziemlich unbekannten Internetbekanntschaft ist Peter mächtig nervös. Die zunächst anonyme Kommunikation über das Internet ist eine völlig andere Sache als der echte reale Erstkontakt.

Da stellt man sich viele Fragen: Wie wird mein erster Eindruck auf sie sein? Wie werden meine Stimme, mein Auftreten, mein Geruch auf sie wirken? Peter betritt das von beiden ausgewählte

Lokal, schaut sich um und kann beate34 nicht entdecken. Jedenfalls passt keine der anwesenden Frauen zu der Selbstbeschreibung, die er aus der Singlebörse im Hinterkopf hat. Er setzt sich an einen freien Tisch und wartet. Nach ungefähr fünf Minuten steht eine leicht untersetzte Frau mit nervösem Blick einige Tische weiter zögernd auf, atmet tief durch und steuert auf seinen Tisch zu. Peter strafft sich unwillkürlich, als er der Frau gewahr wird, die nun zielstrebig auf ihn zukommt.

»Bist Du Peter, der langeweiler37?«, fragt sie geradeheraus und Peter nickt stumm, denn die Frau vor ihm sieht um Klassen schlechter aus, als er aufgrund ihrer Selbstbeschreibung erwartet hatte. »Eigen- und Fremdwahrnehmung können ja manchmal enorm auseinanderklaffen«, denkt Peter, steht auf, schüttelt der beate34, die auf gar keinen Fall 34 sein kann, eher 43 (ein Zahlendreher? Oder war die schon seit neun Jahren da online?), freundlich die Hand und bietet ihr mit einer Handbewegung den Stuhl vor sich an. Beate setzt sich und scheint sich am Tisch festzuhalten, als sie Peter nun zum ersten Mal richtig in die Augen sieht.

»Da sind wir also!«, kommt es komplett unbeholfen aus Peter heraus, als er denkt: Oh Mann, wie komme ich hier möglichst schnell und ohne weitere Peinlichkeiten wieder weg?

»Ja, da sind wir«, sagt Beate – und denkt: Oh Mann, wie komme ich hier möglichst schnell und ohne weitere Peinlichkeiten wieder weg? – Mein Gott, was ist das denn für ein Typ? Wie sieht der denn aus? Was hat der da überhaupt an? Die Klamotten gehen ja gar nicht, soll das Stil sein? Jetzt verstehe ich auch, wieso der kein Foto hochgeladen hat. Beim nächsten Date muss ich mir unbedingt die Selbstbeschreibung von dem Typen vorher noch mal ausdrucken, dann kann ich ihn wenigstens fragen, ob der Mann in dem Profil auch noch kommt. Eigen- und Fremdwahrnehmung können ja manchmal enorm auseinanderklaffen …

Nach einigen weiteren, nicht besonders erfolgreichen persönlichen Treffen mit anderen Internetbekanntschaften trifft sich Peter mit Raimund, einem homosexuellen Kumpel aus der Fußballmannschaft vom Wochenende, und zieht damit fachkundigen Rat zu Hilfe.

»Mein Gott, das geht aber auch wirklich nicht, mein Guter! Wann hast Du Dir das letzte Mal neue Klamotten gekauft?«

»Keine Ahnung, letzten Monat, glaub ich, da waren die 5er-Sockenpacks im Angebot«, antwortet Peter.

»Oh mein Gott!«, raunt Raimund. »Ich kann absolut verstehen, dass die Frauen, mit denen Du Dich triffst, sofort flüchten, wenn sie Dich sehen. Frauen, und das musst Du Dir ab sofort merken, die achten sehr auf das äußere Erscheinungsbild eines Mannes! Insbesondere auch auf die Kleidung und die Details: auf Schuhe, Hose, Gürtel, Hemd, die farbkombinatorische Zusammensetzung, einfach alles! Wie viele Gürtel hast Du überhaupt zu Hause?«

»Wie viele Gürtel? Äh, drei?«

»So, Du willst Frauen kennenlernen?«

»Ja.«

»Und Du möchtest, dass sie nicht gleich erblinden, wenn sie dich sehen?«

»Ha ha, sehr witzig.«

»Okay, dann führt, so leid es mir tut, kein Weg daran vorbei, dass wir Dich komplett neu einkleiden müssen!«

Endlich TAGESABSCHLUSSGEFÄHRTE – Worauf es dabei ankommt

»Wow, ja, so siehst Du absolut umwerfend aus!« Raimund strahlt übers ganze Gesicht, als er seinen heterosexuellen Kumpel Peter aus der Umkleidekabine des italienischen Herrenausstatters schreiten sieht.

»Seit Du mit dem Laufen angefangen hast, ist Dein ganzer Körper so herrlich straff und schlank geworden, das unterstreicht der taillierte Anzug ganz herrlich, sieht super aus!

Schätzchen, wenn Du einer von uns wärst, würde ich Dich gleich hier in der Umkleidekabine vernaschen!« Raimund zieht einen Schmollmund und gibt Peter einen Klaps auf den Po.

Peter weiß das Kompliment seines homosexuellen Freundes schmunzelnd und ohne Homophobie zur Kenntnis zu nehmen, dreht sich ein paarmal mit dem schicken italienischen Anzug vor dem Spiegel und fragt: »Du meinst also, dass ich damit heute Abend auf die Ü-30-Party gehen kann?«

»Die Frauen werden über Dich herfallen, wenn wir jetzt noch das passende Duftwässerchen für Dich finden. Frauen haben sehr sensible Nasen, weißt Du? Viel sensibler als männliche Nasen. Achte also darauf, dass Du auf keinen Fall zu viel auflegst. Kauf den Anzug, diesen Gürtel mit der edlen Schnalle, die passenden Schuhe dazu und dann ab mit uns in die Parfümerie!«

Am Abend geht Peter mit Raimund auf die Ü-30-Party in dem derzeit angesagtesten Club der Stadt.

Die Schwingtüren des Clubs öffnen sich und wie in Zeitlupe sehen wir Peter zielstrebig den Club betreten, die italienischen Designerschuhe schreiten lässig durch den Raum, die kleinen Swarovski-Steine auf der Gürtelschnalle seine Anzuges funkeln im Discolicht und ziehen erste weibliche Blicke auf den hochgewachsenen, schlanken Mann mit den tiefbraunen Augen. Das Jackett schwingt leicht geöffnet, als Peter sich kurz und mit scannendem Blick auf der Tanzfläche umschaut. Die anwesenden Frauen haben innerhalb von wenigen Millisekunden den neuen Mann auf der Party gemustert und entschieden, ob er eine für sie akzeptable Ausstrahlung besitzt. Die Musik wummert mit tiefen RnB-Bässen, als Peter mit einiger Zufriedenheit feststellt, dass einige durchaus ansehnliche Damen seine Ankunft mit anerkennenden Blicken zur Kenntnis genommen haben.

Er steuert auf die Bar zu und bestellt sich ein alkoholfreies Bier, um bei absolut klarem Verstand zu bleiben heute Nacht. Während er die ersten Schlucke aus der Flasche nimmt, lässt er abermals seine Blicke durch die Reihen der hier versammelten Damen schweifen. Schräg gegenüber schaut ihn eine schlanke Frau aus der VIP-Lounge, die nur für ganz bestimmte Gäste zugänglich und von zwei Bodyguards bewacht ist, immer wieder kurz an.

Peter wendet seinen Kopf leicht zur Seite und schaut der blondhaarigen VIP-Frau verschmitzt lächelnd direkt in die Augen. Die Frau schaut zurück, wendet sich ab, schaut noch einmal zu Peter herüber und schaut ihm ebenfalls direkt in die Augen. Peter bewegt nur ganz leicht seinen Kopf wie zu einer nonverbalen Frage, zieht leicht eine Augenbraue hoch und schaut weiter in ihre Augen. Sie lächelt und zeigt dabei ihre stahlend weißen Zähne. Der Kontakt ist hergestellt, sie flirten.

Peter schaut zu den beiden hochgewachsenen menschlichen Einbauschränken von Bodyguards und weitet in gespielter Angst seine Augen und verzeiht die Mundwinkel zu einem ironischen Kommentar nach unten. Die Frau lacht, steht auf, tippt einem der beiden Security-Mutanten an die Schulter, spricht etwas in sein Ohr und nickt zu Peter hinüber. Der Muskelberg mit Sonnenbrille klickt das samtrote Absperrband aus der Öse zur VIP-Lounge und bedeutet Peter mit einem Handzeichen, dass ihm der Zugang zur VIP-Lounge gewährt wird. Peter stellt die Flasche Bier auf den Tresen, rückt kurz seinen Hemdkragen zurecht und steuert auf die blonde Frau mit den sündhaft teuren Louboutins zu.

Darauf kommt es beim Flirten an

Was ist zu beachten, wenn Sie Single sind und Kontakt zum anderen Geschlecht suchen? Allein darüber könnte man ganze Bibliotheken mit Büchern füllen. Aber das Tolle für Sie, meine hochverehrten Leserinnen und Leser, ist:

In diesem Buch bekommen Sie in aller Kürze die wichtigsten Tipps – leicht umsetzbar, ohne Sexismus sowie kurz und präzise auf den Punkt gebracht.

Die Vorgehensweise ist dabei eigentlich ganz einfach, aber nahezu alle vermeintlichen Flirt-Ratgeber übersehen den absolut wichtigsten Aspekt, der immer ganz am Anfang stehen sollte. Nämlich die Fragen: »**Was genau wollen Sie eigentlich? Und warum?**«

Stellen Sie sich diese beiden Fragen bitte immer zu allererst, bevor Sie Kontakt zu Mitgliedern des anderen Geschlechts aufnehmen. Wenn Sie diese zwei Fragen nicht absolut präzise beantworten können, hat alles andere keinen Sinn und wird unausweichlich in planlosem Gehampel enden. Alles, was Sie so mit einem Mann oder einer Frau anfangen, wird hochfrustrierend enden und zwar für Sie ebenso wie für den anderen oder die andere.

Was also wollen Sie und warum? Wenn Sie jetzt fragend ins Buch schauen, dann lassen Sie sich durch eine kleine Auswahl inspirieren.

Wollen Sie ...

a) einen unverbindlichen Flirt, nichts Ernstes, weil sie nur einmal zwischendurch ein wenig Ihren aktuellen Marktwert eruieren wollen?

b) einen neuen Partner, eine neue Partnerin kennenlernen, weil Sie es absolut leid sind, Single zu sein, und endlich wieder in die (vermeintlich) wohlige Wärme einer Beziehung eintreten möchten?

c) einen erotischen Flirt, mit dem klaren Ziel, noch am selben Abend libidinöse Vereinigungspraktiken zu vollziehen, weil Sie sexuell seit einiger Zeit deutlich unterfrequentiert sind?

An dieser Stelle des Buches schauen wir uns Punkt c) genauer an, denn hier geht es darum, was Sie unbedingt beachten soll-ten, wenn Sie ein TAGESABSCHLUSSGEFÄHRTE werden möchten, nicht ohne Grund lautet der Titel des Buches genau so. Hier geht es also zunächst um das klare Ziel, ein TAGES-ABSCHLUSSGEFÄHRTE zu werden. Für Männer gelten da andere Regeln und Herangehensweisen als für Frauen. Denn dem Mann kommt insofern ein aktiverer Part zu, als von ihm von Seiten interessierter TAGESABSCHLUSSGEFÄHRTIN-NEN erwartet wird, sich in ganz bestimmter Weise positiv zu präsentieren. Die Frau darf sich bei diesem Spiel zunächst in einer beurteilenden, auswählenden Position gefallen, die das Werben des Mannes genießen, lenken, verurteilen oder direkt abbrechen kann.

Vergessen Sie bitte alles, was Sie bisher über das Flirten gehört oder gelesen haben, denn hier geht es nicht um nettes und unverbindliches Blabla zwischen den Geschlechtern, um vielleicht irgendwann einmal zu gucken, ob man sich eventuell irgendwann treffen oder ein Date vereinbaren und was sich daraus entwickeln könnte. Es geht auch nicht darum, die Frau oder den Mann fürs Leben zu finden.

Wichtiger Hinweis

Wenn Sie kein Interesse daran haben, eine Partnerin oder einen Partner für eine Nacht, für den TAGES-ABSCHLUSS, zu finden, oder wenn Sie generell nichts darüber wissen möchten, wenn Sie das vielleicht sogar grundsätzlich für moralisch verwerflich halten, dann legen Sie das Buch JETZT weg und verschenken es an eine Person, die daran mehr Freude hat als Sie.

Es wird Sie allerdings um einige Erkenntnisse ärmer machen, die Ihnen vielleicht in Zukunft noch von großem Nutzen sein könnten, völlig egal, ob Sie Single sind oder eine Beziehung haben.

Wenn Sie also wirklich wissen wollen, wie Sie innerhalb kurzer Zeit zum Ziel c) kommen und zum TAGES-ABSCHLUSSGEFÄHRTEN werden, oder wenn Sie als Frau wissen möchten, woran Sie den perfekten TAGES-ABSCHLUSSGEFÄHRTEN erkennen, dann lesen Sie weiter!

Ein erotischer Flirt mit klarem Ziel

Legen wir also los, das Ziel lautet: Ein erotischer Flirt mit dem klaren Ziel, noch am selben Abend libidinöse Vereinigungspraktiken zu vollziehen, weil Sie sexuell schon seit einiger Zeit deutlich unterfrequentiert sind. Das Ziel, das Sie formuliert haben, muss unbedingt immer durch einen starken Grund, ein vehementes **WARUM** begründet sein, denn sonst wissen Sie gar nicht, **weshalb** Sie dieses Ziel verfolgen sollten und dann werden Sie es auch nicht erreichen, so einfach ist das. Wenn Ihnen keine guten Gründe für ein Flirtziel einfallen, dann lassen Sie es lieber, Sie werden ohne gute Gründe scheitern.

Sexuelle Unterfrequentierung ist natürlich ein sehr starker und für Männer nahezu lebensbedrohlicher Faktor[5], wie Sie schon erfahren haben, und bei Weitem der häufigste Auslöser, ein solches TAGESABSCHLIESSENDES Flirtziel zu verfolgen.

Um dieses Ziel zu erreichen, brauchen Sie »**die 7 goldenen Stufen zum perfekten TAGESABSCHLUSS**«.

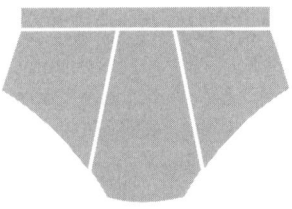

5 Denken Sie nur an die häufigsten Todesursachen von Männern in den westlichen Industrienationen.

Die 7 goldenen Stufen zum perfekten TAGESABSCHLUSS!

Diese 7 goldenen Stufen sind für Männer und Frauen gleichermaßen von Relevanz.

Liebe Männer, Sie bekommen hier die absolut wichtigsten und unabdingbaren Werkzeuge (tools) für den erfolgreichen TAGESABSCHLUSS mit an die Hand.

Liebe Frauen, Sie erfahren hier endlich auf analytisch gehobenem Niveau, nach welchen unfehlbaren Kriterien Sie Männer auswählen sollten, die sich als TAGESABSCHLUSS-GEFÄHRTE eignen oder nicht.

Sie bekommen also einen exklusiven und bisher geheimen Blick hinter die Kulissen.

Ihre 7 goldenen Stufen zum perfekten TAGESABSCHLUSS

Stufe 1: Ohne ein solides Fundament geht es nicht – Ihr Selbstwertgefühl.

Stufe 2: Die ideale Location und das richtige Outfit.

Stufe 3: Der erste verbale Kontakt – Komplimente oder nicht?

Stufe 4: Ein gutes Gespräch – Hören Sie zu, stellen Sie Fragen und halten Sie sich zurück.

Stufe 5: Der erste Körperkontakt – Grabschen Sie bloß nicht!

Stufe 6: Der erste Kuss – Wie macht Mann das?

Stufe 7: TAGESABSCHLUSSGEFÄHRTE und TAGESAB-SCHLUSSGEFÄHRTIN – Das große Finale

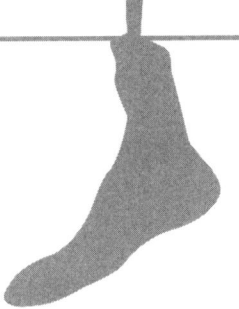

Stufe 1 zum perfekten TAGESABSCHLUSS: Ohne ein solides Fundament geht es nicht – Ihr Selbstwertgefühl

Ein starkes Selbstvertrauen steht an erster Stelle! Es ist für einen erfolgreichen TAGESABSCHLUSS unabdingbar.

Wenn Sie nicht wirklich von sich selbst überzeugt sind, ohne arrogant zu sein, wenn Sie unsicher oder sehr schüchtern sind und sich selbst nicht so richtig gut finden, dann wird es nichts mit dem erotischen TAGESABSCHLUSS. Menschen, die nicht absolut von sich und ihrem Handeln überzeugt sind, sollten das, was Sie tun, lieber nicht tun, denn Sie werden es kaum gut machen können.

Verstehen Sie mich nicht falsch, ein gutes Selbstwertgefühl meint keineswegs Arroganz oder den Glauben, besser zu sein als andere. Ein stark empfundener Selbstwert sieht und respektiert immer auch den hohen Selbstwert der anderen Menschen und das schließt Hochachtung und Respekt ein. Menschen mit starkem Selbstwertgefühl sind freundlich, respektvoll und behandeln andere Menschen mit Achtung auf Augenhöhe, Sie brauchen keine Machtspielchen. Und Sie finden sich selbst gut und attraktiv! Sie sind auf angenehme Art stolz und strahlen das mit großer Freundlichkeit aus.

Ihre eigene Meinung von sich selbst transportiert sich auf Ihre Umwelt und Ihre Mitmenschen.

Wenn Sie sich nicht wirklich attraktiv und / oder erotisch finden, wie bitte schön sollen es dann andere tun?

Ebenso wenig heißt ein starkes Selbstwertgefühl, dass Sie nicht offen für Kritik sein sollten, im Gegenteil. Wenn Sie ein starkes Selbstwertgefühl in sich spüren, dann können Sie viel besser und konstruktiver auch mit Kritik umgehen und werden nicht direkt aggressiv, eingeschnappt oder überheblich, wenn Sie Kritik hören.

Aber nur, wenn Sie sich selbst und das, was Sie tun, richtig gut finden, nur dann werden Sie damit glücklich werden und werden auch andere damit glücklich machen und Vertrauen bei den Menschen bewirken können. Das gilt für den erotischen TAGESABSCHLUSS ebenso wie für nahezu alle anderen Tätigkeiten.

Dazu ein Vergleich: Sie möchten in den wohlverdienten Wanderurlaub auf Mallorca fliegen und haben zwei Piloten vor sich stehen. Sie dürfen sich einen Piloten für den Flug selbst aussuchen.

Der erste Pilot lächelt freundlich, schaut Ihnen selbstbewusst aufmunternd in die Augen und sagt: »Herzlich willkommen an Bord unseres Fluges nach Palma de Mallorca. Wir starten in fünf Minuten, die Flugdauer beträgt 1:45 Stunden. Das Wetter am Zielflughafen ist bestens, freuen Sie sich auf einen wolkenfreien Himmel bei milden 23 Grad Celsius. Mein Team und ich wünschen Ihnen einen angenehmen Flug.«

Der zweite Pilot stellt sich mit folgenden Worten vor: »Hallöchen, ich bin mir nicht sicher, ob ich das Ding hier sicher fliegen und vor allen Dingen landen kann. Ich weiß auch gar nicht genau, wo wir heute hinfliegen sollen, Mallorca? Wo liegt denn das? Ach, wir schauen einfach mal, wo es uns hinfliegt, das Fluggerät, ein hübscher Aeroplan, sicherlich, wenn wir denn überhaupt abheben, na ja. Ich werde mal ein bisschen herumprobieren, ein paar Knöpfe drücken und so, mal sehen, was passiert und wo es uns hinbringt, oder sollte ich das lieber die Flugbegleiterin machen lassen?«

Welchen Piloten würden Sie auswählen?

Ein gesundes und starkes Selbstvertrauen muss Grundvoraussetzung für alles sein, was Sie gerne tun möchten, sonst lassen

Sie es lieber – oder lernen Sie es. Das gilt auch und insbesondere für das Flirten mit klarem Ziel zum libidinösen TAGES-ABSCHLUSS. Wenn Sie als Mann noch nicht so weit sind, dann probieren Sie es zunächst mit einigen Marathonläufen, Triathlon-Veranstaltungen oder anderen sportlichen Betätigungen, die dabei helfen können, ein angeknacktes Ego nach emotionalen Schicksalsschlägen wieder aufzurichten.

Männer machen es wie Peter: Sie trainieren – für den Marathon und ihr Selbstwertgefühl

»Ob ich da mitmache? Bist Du verrückt geworden?« Andreas schaut Peter entgeistert an.

»Dann hätten wir ein großartiges Ziel vor Augen und sicher eine Menge Spaß.« Peter steht weiterhin ganz begeistert vor seinem Kumpel Andreas und versucht, ihn doch noch zu überzeugen.

»Nein. Wir hätten ein qualvolles Jahr voller Schmerz und wunden Füßen vor uns – und wofür? Um am Ende 42,195 Kilometer durch die Innenstadt zu rennen? Du hast sie doch nicht mehr alle.« Aber Peter lässt sich nicht mehr aufhalten, er hat endlich wieder Leben in sich entdeckt, er hat ein Ziel vor Augen, er will in einem Jahr so weit sein, dass er am traditionellen Marathonlauf teilnehmen kann.

Ein Marathonlauf ist eine ganz besondere Herausforderung. Die historische Strecke von 42,195 Kilometern ausdauerlaufend zu bewältigen, stellt eine körperliche Leistung dar, der sich Jahr für Jahr viele Tausende Menschen im ganzen Land stellen.

Einen Marathonlauf kann niemand untrainiert mal so eben nebenbei absolvieren. Selbst halbwegs ambitionierte Hobbyläufer müssen planvoll monatelang trainieren, um diese Strecke in weniger als vier Stunden läuferisch zu bewältigen. Alles andere wäre grob fahrlässig und zum Scheitern verurteilt.

Gänzlich Untrainierte sollten mindestens ein volles Jahr hindurch nach Plan und langsam steigernd an diese Aufgabe herangehen. Eine im wahrsten Sinne langfristig schweißtreibende und schmerzhafte Angelegenheit. Warum also tun sich so viele Menschen eine solche Strapaze an?

Nun, dafür scheint es mehrere Gründe zu geben. Das regelmäßige Lauftraining mit moderatem Tempo draußen an der frischen Luft wirkt nachweislich belebend und gesundheitsfördernd auf den menschlichen Organismus. Niemand wird bestreiten, dass der Laufsport, wenn er individuell angepasst betrieben wird, einer guten Gesundheit förderlich ist.

Der zweite und oftmals gewichtigere Grund besteht aber darin, dass es nicht selten einer gesteigerten Form der Selbstdisziplin und des Ehrgeizes bedarf, um einen einjährigen Trainingsplan für einen Marathon auch tatsächlich einzuhalten und am Schluss den Lauf in der Gemeinschaft der Läufer zu absolvieren und gut gelaunt ins Ziel zu kommen. Die einjährige Vorbereitungszeit mit den vielen 100 Kilometern, die zu Fuß abgelaufen werden, haben aus zweitgenannten Gründen auch immer einen psychohygienischen Charakter.

Ein verlassener Ehemann wie Peter landet, wenn er sein Schicksal nicht dem Alkohol oder der endgültigen Selbstaufgabe anheim gibt, in vielen Fällen in einer läuferischen Selbsthilfegruppe.

Wenn die Frau den Mann verlässt, aus welchen Gründen auch immer, geht dies immer mit einer tiefgehenden Kränkung des männlichen Egos einher, das lässt sich absolut nicht vermeiden und ist unumgänglich, egal wie feinfühlig die Frau ans Werk geht oder wie zerrüttet die Ehe am Ende vielleicht schon ist.

Das Ego des Mannes liegt zerschmettert und sich in Staub auflösend wie Saurons Hand, nachdem Isildur ihm den einen Ring von der Hand trennte[6], am Boden.

Ein verlassener Ehemann ist nicht selten nur noch ein kümmerlicher Schatten seines ehemaligen Ichs, eine verkrüppelte, gedemütigte und geschundene Seele irrlichternd auf dem

---

6 Vgl. J. R. R. Tolkien: Der Herr der Ringe. Klett-Cotta, Stuttgart 2012.

Friedhof seiner eigenen Vergangenheit, gefangen in Erinnerungen einer vom Nebel umfangenen Welt. So geht es eine Weile ganz gut, wie er sich dort im Selbstmitleid suhlend selbst beweint. Doch irgendwann erscheint vor seinem geistigen Auge der Mann mit dem weißen Umhang und sie stehen vor einer Weggabelung, von der aus es nur zwei Wege gibt. Der eine Weg führt hinab ins Nichts, in die Selbstauflösung, in den Alkohol oder schlimmer. Dies ist der leichte Weg, er führt abwärts, lockend mit der Aussicht, nicht lange gehen zu müssen, bis man rutschen kann, man kann sich bald treiben lassen und rauscht weiter hinab bis zum Ende einer alles umfangenden Dunkelheit.

Der andere Weg ist beschwerlich, er führt aufwärts und erfordert eine gehörige Portion Mut, Selbstdisziplin und Willenskraft. Jede Stufe ist steil und beschwerlich zu gehen, aber je höher man steigt, umso besser wird die Luft werden. Das Licht wird klarer, die Dunkelheit wird weichen, ein neuer Tag wird kommen und wenn die Sonne scheint, dann wird sie heller scheinen als jemals zuvor. Dafür lohnt es sich, zu kämpfen und weiterzumachen, Schritt um Schritt. Am Ende der Treppe wartet ganz oben der Ausgang in das neue Licht eines neuen Lebens, wo er mit himmlischen Fanfaren begrüßt werden wird, der Mann wird zum zweiten Mal geboren und darf zurückschauen auf die steilen Stufen, die er erklommen hat. Er wird ein neues Selbstwertgefühl in sich finden und kann erhobenen Hauptes zu neuen Ufern aufbrechen.

Die einjährige, konsequente Vorbereitung auf einen Marathonlauf kann genau diese steile Treppe sein, die einen verlassenen Ehemann davor bewahrt, ins Dunkel zu stürzen und zu vergehen.

Schauen Sie sich das Hauptteilnehmerfeld auf den landesweit durchgeführten Marathonläufen ab heute einmal etwas genauer an. Da werden Sie feststellen, dass es überwiegend aus Männern im Alter von 30 bis 45 Jahren besteht. Die meisten dieser Männer haben einen überaus leidenserprobten Gesichtsausdruck und ihnen ist eines gemein: Ihnen ist die Frau weggelaufen. Nun stehen sie alle da, auf den Startschuss zur letzten Etappe ans Licht wartend, einige noch zweifelnd, ob sie die letzte Strecke tatsächlich schaffen werden, einige schon überaus selbstsicher mit der Kraft eines neuen Lebens und doch voller Erwartung auf das große Ereignis, ein trauriges Kapitel im Leben mit dem Zieleinlauf abzuschließen. Versetzen Sie sich kurz in diese Männer hinein. Sie laufen die ersten Kilometer recht geschmeidig durch die Stadt, begleitet von den belustigten Zuschauern am Wegesrand. Das alles ist nett und aufregend, aber spätestens ab Straßenkilometer 30 trennt sich die Spreu vom Weizen. Hier zeigt sich, wer es ernst gemeint hat mit dem Marathonlauf und wer leichtsinnig eine Wette eingegangen ist, weil er vor den Kumpels den Mund nicht halten konnte: »Marathon? Das kann ich auch, kein Problem!«

Das Schöne am Marathon ist natürlich auch, dass alle Maulhelden und Wichtigtuer ab Kilometer 30 verstummen, zurückfallen, sich erbrechend in die Vorgärten der anliegenden Einfamilienhäuser schleppen oder gehend und humpelnd versuchen, die restlichen zwölf Kilometer hinter sich zu bringen. Nur diejenigen, die tatsächlich konsequent trainiert haben, schaffen es am Ende auch locker ins Ziel, ohne mehrminütige Gehpausen einlegen zu müssen. Und auch nur diese Läufer werden beim Zieleinlauf mit dem seltenen, beglückenden Gefühl belohnt, welches ein strammer, vierstündiger Lauf mit sich bringen kann. Verlassene Ehemänner werden die letzten zehn Kilometer eventuell auch mit blutigen Blasen an den Füßen laufen. Aber sie werden den fröhlichen Gedanken verinnerlicht haben, dass sie ja schon viel Schlimmeres durchlebt haben. Einen verlassenen Ehemann am Ende einer steilen Treppe kann so schnell nichts mehr umhauen. Und er ist dadurch psychisch und auch physisch ideal vorbereitet für seine erste Kontaktaufnahme zum anderen Geschlecht. **Es kommt hierbei zu einer heilsamen, psychohygienischen Verdoppelung seiner positiven Außenwirkung.**
Einerseits kehrt mit dem Absolvieren eines Marathonlaufes ein solides Grundgerüst an Selbstwert in den Mann zurück

und andererseits entwickelt sich der Körper des Mannes positiv. Es wird sehr viel Fett verbrannt, die Muskulatur straff, der Gang sicherer und zielstrebiger. Frauen werden all dies positiv bemerken.

Als Mann brauchen Sie also zunächst ein grundsätzlich stabiles Selbstwertgefühl. Insbesondere nach einer vorangegangenen Trennung geht das meist nicht mal eben so. Nehmen Sie sich die Zeit, die Sie brauchen, um das hier beschriebene Selbstwertgefühl aufzubauen.

Frauen, die auf der Suche nach einem TAGESABSCHLUSSGEFÄHRTEN sind, befinden sich, das haben Sie weiter vorne ja bereits erfahren, in einer zunächst auswählenden, nahezu feudalen Position. Das Selbstwertgefühl von Frauen in dieser Position ist meist im Kern solide, bedarf aber einer überaus sensiblen, täglichen Pflege, um nicht grundsätzlich erschüttert zu werden, sondern zur vollen Entfaltung zu gelangen.

So pflegen Frauen ihr Selbstvertrauen: Im Badezimmer

Da vielen Männern kaum bekannt oder klar ist, was Frauen eigentlich genau tun, um sich auf eine TAGESABSCHLIESSENDE Auswahltätigkeit vorzubereiten, möchte ich Ihnen, meine Herren, an dieser Stelle die absolut jugendfreie Erlaubnis erteilen, ausgiebig dabei zu sein, wenn die Frau sich »zurechtmacht«. Diese Art des »Zurechtmachens« beeinflusst das Selbstvertrauen einer Frau nachhaltig und ein Verzicht darauf hätte weitreichende Folgen, glauben Sie mir. Eine Frau, die sich nicht die individuell für sie nötige Auszeit im Badezimmer nimmt, um sich für den Abend zurechtzumachen, eine Frau, die direkt von einem stressigen Arbeitstag mit aufgequollenen Füßen, beginnendem Körpergeruch und derangierter Frisur auf einen TAGESABSCHLUSSBEREITEN Mann trifft, der nach den 7 goldenen Stufen optimal vorbereitet ist, wird sich unscheinbar und unpassend fühlen. Nein, für einen aufregenden TAGESABSCHLUSS braucht auch die Frau ein gesundes

Selbstvertrauen. Und auch wenn sie an sich mit sich im Reinen ist – ohne ausreichend Zeit im Badezimmer ist dieses für die Frau nicht zu erlangen.

Die Frau betritt also Freitagnachmittag das Badezimmer und in dem Moment, wenn sie die Türe hinter sich schließt, fällt der Stress der gesamten vergangenen Woche wie ein abgestreifter Mantel von ihren Schultern.

Ein kritischer Blick in den Spiegel bestätigt der Frau, dass sie mit diesem Aussehen erst einmal Entspannung, dann Pflege und abschließend Politur benötigt, um sich wieder unter Menschen zu trauen.

Frauen Entspannungsphase – Teil 1 der Vorbereitung für ein gutes weibliches Selbstwertgefühl

Wohlige Erholung durchflutet jede einzelne Zelle ihres Körpers, als sie heißes Badewasser in die Wanne laufen lässt. Allein das Geräusch des plätschernden Wassers in der Wanne und der aufsteigende Wasserdampf stimulieren alle ihre Sinne. Die Beigabe von teuren Badeessenzen, ätherischen Ölen oder exotischen Badesalzen lässt ihre Synapsen in Vorfreude auf das Bad frohlocken. Ein heißes Vollbad mit viel Schaum und mit schmeichelnden Zugaben für die Haut wird sie in höhere Sphären der Entspannung entführen. Mit fließenden Bewegungen entledigt sie sich ihrer Kleidungsstücke und steigt vorsichtig, die Hitze des Bades mit Kaltwasser nachregulierend, in die sinnlichen Fluten.

Obwohl die Badewanne erst halb voll ist, genießt sie schon jetzt die wohlige Wärme auf ihrer Haut und die entlastende Wirkung des Wassers auf die erschöpfte Muskulatur. Noch vornübergebeugt hockend, umschlingt sie ihre Beine mit den Armen und atmet die wunderbaren, betörenden Düfte, die dem heißen Wasser entsteigen, begierig und mit tiefen Atemzügen ein. Sie schließt die Augen und ihre Nase füllt sich mit Blütenduft, dem Geruch von fernen Ländern, weißen Stränden, blauem Himmel und türkisfarbenem Wasser, in dem sich die Delfine um sie herum tummeln.

Es ist endlich Wochenende. In der Woche hat sie kaum Zeit, ein richtiges Entspannungsbad zu nehmen. Aber wenigstens einmal am Wochenende muss es sein, besonders im Winter, wenn es draußen kalt, nass und dunkel ist. Dann empfindet sie die Glückseligkeit eines guten Vollbades als kleines, privates Paradies, in das einzutauchen ihr die wunderbarsten Entspannungsmomente zaubert. Die Wanne der Wonne ist nun bis zum Sicherheitsablauf gefüllt und dies ist für die Frau der besondere Moment, in dem sich ihr Körper endlich vollständig entspannen kann. Nun öffnet sie die um ihre Beine geschlagenen Arme, hebt ganz leicht ihren Kopf, den sie bis dahin auf den Knien abgelegt hatte, und erlaubt ihrem Körper die Streckung. Ihre langen Beine wandern den Boden der Badewanne ab, bis ihre Füße ans andere Ende gelangen, während sich ihr Kopf vorsichtig nach hinten neigt und sanft auf dem oberen Beckenrand zum Liegen kommt.

Ihre Arme gleiten nahezu schwerelos neben ihren Körper und mit einem langgezogenen Seufzer der kompletten Tiefenentspannung entsteigt ihre Seele allem Irdischen und empfindet das Göttliche im Sein.

So liegend, streicht die Frau ab und zu sanft tastend und bar jeder Erotik über ihren Körper, um neuralgische Punkte zu aktivieren, die der Heiligkeit ihres Körperlichen zur besseren Regeneration verhelfen.

Das Wasser reicht ihr bis zum Kinn und würden nicht ihre zauberhaften Brustwarzen ein wenig keck durch den Schaum spitzen, so läge außer dem Kopf der Frau der restliche Körper wie in eine wunderbare Decke gewickelt unter Wasser.

Sobald der Geist der Frau zurückkehrt in den entspannten Körper, widmet sie sich dem Waschen ihres Körpers in aller Gründlichkeit.

Frauen Pflegephase – Teil 2 der Vorbereitung für ein gutes weibliches Selbstwertgefühl

Frauen benutzen heutzutage kaum noch Seife, die aus tierischen Fetten wie Talg, Schmalz oder Fett aus Knochen, die bei der Tierverwertung anfallen, hergestellt wird. Aus einer Vielzahl endloser, auf jeden nur erdenklichen Hauttyp speziell ausgerichteter Reinigungsprodukte wählt die Frau ihre meist irgendwie »milde Reinigungsmilch« aus – und überlässt dabei nichts dem Zufall.

Alle Stellen ihres Körpers erfahren die gleiche sorgfältige Zuwendung. Am Kopf angekommen, erhalten vor allem ihre Haare besondere Aufmerksamkeit.

Die Haare einer Frau sind wie die Kronjuwelen auf dem Haupt einer Kaiserin.

Und wenn wir der Haarwaschmittelindustrie und ihrer Werbung Glauben schenken (die meisten Frauen tun das, obwohl sie es abstreiten würden), dann benötigen die Haare einer Frau eine ganz besondere Pflege. Aus männlicher Sicht meist völlig befremdlich, widmet sich die Frau mit an Besessenheit grenzender Sorgfalt ihrer Haarpflege, was schon damit anfängt, dass sie niemals das gleiche Duschgel für die Haare benutzen würde, welches sie soeben für die Reinigung ihrer Achselhöhlen benutzt hat, was Männer sehr gerne tun, um Zeit, Geld, Wasser und unnötigen Aufwand zu sparen. Auch der Ordnung dient es aus männlicher Sicht, wenn nicht mehr als eine Flasche Körperreinigungsmittel im Bad rumsteht.

Doch zurück zur Frau und ihrer Haarpflege. Die Frau wäscht sich die Haare mit Shampoo, genüsslich massiert sie es von der Kopfhaut bis in die Haarspitzen ein. Der so entstehende Schaum hat die sahnige Konsistenz von Mousse au chocolat und reinigt das Haar angeblich viel sanfter und pflegender als es Kernseife aus Pferdeknochen je könnte. Die Frau genießt das Haarewaschen und die haptischen Empfindungen, die der schöne Schaum zusammen mit ihren immer geschmeidiger werdenden Haaren zwischen ihren Fingern hervorruft. Das Auswaschen des Shampoos folgt ebenfalls einem nahezu sakralen Ritual. Die Brause wird auf eine ganz bestimmte Strahlstärke reguliert, die nur zusammen mit der optimalen Wasserwärme die Erlaubnis erhält, das Shampoo aus den Haaren der Meeresgöttin zu spülen.

Spätestens an dieser Stelle werden viele männliche Leser denken: Nun ist es aber genug mit dem Haarewaschen! Mitnichten, meine Herren, mitnichten.

Das Frauenhaare-Waschen mit Shampoo ist lediglich der Auftakt, die Ouvertüre, zu jener modernen Haarzeremonie, wie sie fast alle Frauen in den westlichen Industrienationen heutzutage mindestens einmal am Tag unternehmen.

Denn sobald das Shampoo ausgespült ist, wird eine neue, geheimnisvolle Substanz in das Haar der Frau eingebracht: **Eine Spülung.**

Interessant ist schon allein die Tatsache, dass das Wort »Spülung« für Männer und Frauen eine komplett andere Bedeutung hat. Männer kaufen Spülung nicht in Flaschen, sie würden niemals Geld für Spülung ausgeben, wenn es nicht unbedingt erforderlich ist. Maximal bezahlen sie einen ganz geringen Geldbetrag, um ihrer verrichteten Notdurft auf einer Autobahnraststätte die letzte Reise mittels einer Spülung zu erleichtern.

Nie, wirklich niemals würden Männer auf die Idee kommen, sich Spülung auf den Kopf zu schmieren!

Frauen kennen die unendliche Vielzahl von Spülungen für das weibliche Haupthaar. Ebenso wie bei Shampoo, gibt es auch bei Spülung für jede Frau ein eigenes Produkt, welches auf Länge, Farbe und Beanspruchungsgrad der Haare abgestimmt ist. Aber was zur Hölle soll Beanspruchungsgrad der Haare sein?

Wir lesen auf den Verpackungen dieser Spülungen von *strapaziertem* Haar? Was ist das? So etwas gibt es doch wohl nur bei kleinen Mädchen, denen bei Balgereien ständig an den Haaren gezogen wird, oder? Das wäre dann strapaziertes Haar.

Wir leben ja schließlich nicht mehr in der Steinzeit, wo erwachsene Männer ihren Frauen zart den Hof gemacht haben, indem sie sie an den Haaren und lüstern grunzend durch den Wald bis in die Höhle geschleift haben. Und selbst wenn, was könnte eine Spülung da helfen? Macht sie die Haare dick wie

Seemannstaue und verankert die Haarwurzeln wie Eichenwerk im Schädelknochen des Mädchens, damit es ihr in Zukunft einerlei ist, ob jemand an ihren Haaren zieht? Wohl kaum.

Wenn Sie sich das Autorenfoto auf dem Buchumschlag anschauen, dann wissen Sie, dass es mir doppelt schwerfällt, die Sinnhaftigkeit von Spülung emotional und sachlich zu erfassen, denn ich bin einerseits nur ein Mann und andererseits besitze ich kaum Haupthaar. Aber für dieses Buch habe ich mich jahrelangen Studien und Beobachtungen von Frauen gewidmet, die Spülung für ihre Haare benutzen, und daher weiß ich immerhin, was Spülung auf weiblicher Seite bedeutet.

Kaum eine Frau würde freiwillig auf ihre Spülung verzichten, denn die Spülung pflegt das Haar (angeblich) noch einmal neu auf besondere Weise und macht es darüber hinaus (Trommelwirbel) leichter kämmbar.

Verehrte Herren, wenn Sie nun denken, jetzt sei die Frau mit ihrer Vorbereitung fertig, dann täuschen Sie sich. Weit gefehlt! Denn nach dem ausgiebigen Baden, Shamponieren und Spülen der Haare beginnt die langwierige Prozedur des Eincremens! Das gehört zur Vollendung der selbstwertsteigernden Tätigkeiten im Bad unbedingt dazu. Die Frau also macht sich die Haare, sie entsteigt dem Bad, trocknet sich mit dem über der Badezimmerheizung hängenden, vorgewärmten, riesigen Handtuch in aller Seelenruhe ab und … cremt sich ein.

Frauen-Politurphase – Teil 3 der Vorbereitung für ein gutes weibliches Selbstwertgefühl

Es lohnt der Leugnung nicht: Frauen cremen sich nach dem Duschen oder Baden ein. Die wenigsten Männer tun es ihnen nach. Männer cremen sich nach der Körperwaschung nicht ein, Männer empfinden allein die Vorstellung an das »schleimige, glitschige Zeug« schon als unangenehm. Und wenn Mann es eilig hat (was eigentlich immer der Fall ist), dann kleben die Klamotten auch noch so fies auf der Haut, weil die Creme noch nicht eingezogen ist, ein widerliches Gefühl, welches als schwere Prüfung im Dschungelcamp geeignet ist und auch den toughesten Mann in Verlegenheit bringt.

Eincremen bei Männern bewirkt in Bezug auf das Selbstwertgefühl das absolut genaue Gegenteil wie bei Frauen. Ein Mann, der dazu genötigt wäre, seine gesunde Haut (womöglich noch die Beine und den Po!) einzucremen, würde unter dieser Schmach einen Teil seiner Männlichkeit verlieren und könnte niemals das für den TAGESABSCHLUSS so dringend nötige Selbstvertrauen ausstrahlen. Wahrscheinlich würde er sich kaum trauen, sich zu setzen, weil er Angst hätte, dass die womöglich noch nicht richtig eingezogene Creme ihm ein schmatzendes Geräusch am Hintern entlockt.

Männer cremen ihre Haut nur dann ein, wenn sie mit einer überaus unansehnlichen und extrem schmerzhaften Hauterkrankung geschlagen sind.

Wenn der Hautarzt mitleidig den Kopf schüttelt und sagt: »Das sieht nicht gut aus, Sie sollten sich von nun an mit hochprozentiger Jod-Salbe eincremen, sonst könnte Ihnen bald das rohe Fleisch von den Knochen blättern«, dann cremt sich der Mann notgedrungen mit Linderung verheißender Salbe die mit Krankheit und nässendem Siechtum befallenen Hautpartien ein, um die Vorboten einer drohenden Lepra aufzuhalten.

Frauen allerdings cremen sich aus ganz anderen Gründen ein. Sie betrachten es, vereinfacht gesagt, als eine Art Altersvorsorge, eine Investition in eine faltenfreie Zukunft sozusagen. Sobald die Haut der jungen Frau die Pubertät überstanden hat, bildet sich ihr ureigentlicher Hauttyp heraus und die noch junge Haut soll gehegt und gepflegt werden, damit sie auch in 40, 50 und 60 Jahren noch möglichst faltenfrei, pfirsichhaft und straff anzuschauen und anzufühlen ist.

Im Prinzip handelt es sich hier um ein aus finanzieller Hinsicht überaus risikoreiches Investment, da niemand die Chancen und Risiken der Wirkung glaubhaft abwägen kann, die mit der Verwendung von Cremes und Lotions auf weiblicher Haut tatsächlich einhergehen. Aber die Werbung hat über Emotionen und jahrzehntelanges Gesäusel so tiefgreifende Ängste bei den Frauen geschürt und damit ihr Selbstwertgefühl so weit untergraben, dass diese sich ohne die regelmäßige Anwendung teuerster Hautcremes kaum noch aus dem Haus wagen. Die Heilsversprechen obskur überteuerter Hautpflegeprodukte glauben sie dankbar und jedes Jahr aufs Neue werden allein in Deutschland mehrere Milliarden Euro (von Frauen) dafür ausgegeben. Denn Frauen geben gern mehrstellige Summen für ihre Cremes und Lotions aus. Es geht ihnen ja nicht um die sachliche Ebene einer x-beliebigen Feuchtigkeitscreme, die in der Funktion »rückfettend und geschmeidig« wirkt, nein. Wenn das so wäre, könnten die Frauen ja auch einen 10-Liter-Eimer Melkfett zu kleinem Preis im Landwirte-Fachmarkt neben der Tankstelle mitnehmen und sich damit eincremen.

Eine für alles – »all in one« für die Haut?

Eine weitere Tatsache ist in diesem Zusammenhang von Bedeutung: Keine Frau cremt sich mit einer »all in one Creme« den ganzen Körper ein. Nein, mindestens eine eigene Gesichtscreme gehört zur Standardausstattung einer jeden gut gepflegten Frau. Keine Frau würde sich das Gesicht mit der Creme eincremen, mit der sie sich wenige Augenblicke zuvor bereits das Gesäß eingecremt hat. Eine nicht ganz rational zu begründende Angst suggeriert der Frau nämlich: »Vorsicht! Benutze eine andere Creme, sonst sieht Dein Gesicht später vielleicht genauso aus wie Dein Hintern!«

Viele Frauen cremen sich nach dem Baden oder Duschen von unten nach oben ein. Sie beginnen bei den Füßen und hören an den Augen oder ihrer Stirn damit auf, sich einzucremen. Die Haut stellt, wie Frau aus diversen Frauenzeitschriften weiß, aus medizinischer Sicht das größte menschliche Organ dar und benötigt aufgrund der großen Fläche mitunter einige Mengen an Cremes. Das aus männlicher Sicht absolut Faszinierende daran ist die Tatsache, dass die für die jeweilige Hautpartie von der Frau favorisierte Creme pekuniär ebenfalls von unten nach oben korreliert.

Einfach ausgedrückt heißt das:

Je höher (physisch) sich eine Frau eincremt, umso teurer werden die entsprechenden Cremes.

Die Lotion für die Beine ist meist eine relativ bezahlbare Feuchtigkeitspflege, die sogar unterhalb der 20-Euro-Marke anzusiedeln ist und deren Inhalt mit 250 Millilitern ein oftmaliges Eincremen der Beine (und des Gesäßes) ermöglicht (wenn das Gesäß der Frau nicht allzu groß ist). Einige Frauen präferieren bei der Lotion für die Beine Pflegemittel mit 10 Prozent Urea. Wissen Sie, was Urea ist? Ich habe einige Zeit gebraucht, bis ich die Lösung herausgefunden hatte. Bei Urea dachte ich anfangs zunächst, dass es sich dabei um eine südamerikanische Regenwald-Heilpflanze handele, oder um ein ähnlich exotisches Pflanzenextrakt. Aber damit lag ich natürlich komplett daneben. Urea ist eine euphemistische Umschreibung für Harnstoff, was wiederum eine schönrednerische Umschreibung für Urin ist. Daher weht also der Wind. Urea meint Urin, Pipi, wie es kleine Kinder nennen, oder Pisse, wie Jugendliche dazu sagen. Aber selbstverständlich kämen die Werbestrategen niemals auf die Idee, mit großen Buchstaben »Mit 10 Prozent Pisse verdünnt!« auf die Flasche zu drucken … Aber immerhin, so könnte man beruhigt sein, cremen sich die Frauen nicht mit der Urincreme das Gesicht ein, dafür hat jede Frau eine eigene Gesichtscreme.

Die individuell sehr unterschiedlichen Gesichtscremes von Frauen allerdings sind auf jeden Fall teurer und enthalten deutlich weniger Pflegemittel. Der Preis steigt also nicht linear, sondern exponentiell.

Wofür ist eigentlich Augencreme?

Und dann gibt es noch Frauen, nicht alle, aber doch auch nicht wenige, die benutzen noch eine weitere Creme. Sie benutzen Augencreme.

Augencreme muss ich für die männlichen Leser kurz erklären, denn vielen erschließt sich zunächst nicht, was es damit auf sich hat.

Augencreme ist, obwohl der Name es vermuten lassen könnte, nicht für die Augen, jedenfalls nicht für den Augapfel, die Pupille und die Iris gedacht.

Kommen Sie bitte NIE auf die Idee, die Augencreme direkt auf Ihr Sehorgan aufzutragen, denn dann werden Sie wahrscheinlich erblinden!

Augencreme ist ebenfalls eine Hautcreme und sollten Sie sich nun fragen, wo am Auge denn bitteschön Haut zu finden ist, dann lassen Sie sich belehren, dass dies die winzigen Hautstellen um das Auge herum sind. Einerseits sprechen wir hier von der zarten, dünnen Haut der Augenlider (die Augenlidhaut, manchmal auch Schlupflider), andererseits behandeln Frauen mit Augencreme die Tränensackhaut unterhalb ihres Auges. Frauen erhoffen sich auch an diesen sensiblen Stellen eine langanhaltende Faltenfreiheit, der Tränensack soll faltenfrei bleiben. Aber bevor Sie, meine verehrten männlichen Leser, hier auf abwegige Gedanken kommen, möchte ich Ihnen in aller Eindringlichkeit ins Gewissen reden:

»**Die vermeintliche Faltenfreiheit ist nur für den weiblichen Tränensack gedacht und nicht für männliche Hautbereiche zwischen den Beinen, wo die Haut auch als ›sackartig‹ bezeichnet wird!**«

Tipp für Männer zum Umgang mit Augencreme

Kommen Sie, meine Herren, niemals auf die Idee, die Augencreme Ihrer Partnerin an besonders sensiblen männlichen Stellen einige Zentimeter unterhalb des Nabels auszuprobieren, um diese faltenfrei zu bekommen. Es wird nicht funktionieren, er bleibt faltig, da können Sie cremen, so viel Sie wollen. Und Sie werden den apokalyptischen Zorn Gottes in Gestalt ihrer Partnerin auf sich ziehen, wenn Sie Ihre teure Augencreme für ein solches Experiment missbrauchen.

Es gibt ausgewiesene Konsumtempel für Cremes und Lotions, die den Frauen schmeicheln und mit den weiblichen Emotionalitäten spielen. Von den überlebensgroßen Werbeplakaten aller Hersteller flezen sich 16- bis maximal 25-jährige Models (fällt Ihnen was auf?) in ihrer übernatürlichen Reinheit und mit Photoshop bereinigten Schönheit. Sie werden wohl kaum eine 56-jährige Durchschnittsfrau vor unvorteilhaftem Hintergrund sehen, die mit ihrem freundlichen und reifen Gesicht sagt: »Tja, ich habe auch 40 Jahre lang Cremes genommen und Falten bekommen, keine Ahnung, ob ich ohne die teure Creme vielleicht weniger Falten bekommen hätte. Aber kaufen Sie ruhig das teure Zeug, ich kann es Ihnen ja ohnehin nicht ausreden!«

Wenn Männer sich eincremen ... – würden!
Männer cremen sich für gewöhnlich <u>nicht</u> ein. Die Tätigkeit des Eincremens wird unter Männern auch mit großer Skepsis aufgenommen. Versetzen wir uns einfach einmal kurz in eine typisch maskuline Situation: Peter geht einmal im Monat am Wochenende mit den Jungs Fußball spielen. Gemeinsam haben sie eine kleine Altherren-Truppe gegründet und eine Hallenzeit für den gemütlichen Hallenkick gemietet. Beim Spiel geht es rau und mit herzhaftem Witz zur Sache. Zoten und die üblichen männlichen Frotzeleien gehören zum Spiel dazu und machen die Sache so herrlich frauenfrei. Männer unter sich rempeln sich an der Schulter, schubsen einander umher oder adeln den Spielgegner mit der Titulierung: »Ey, Du Arsch!«, was den Zusammenhalt der Freunde stärkt und ein wunderbares Gemeinschaftsgefühl echter Kumpels hervorruft. Nach dem Spiel gehen diese Männer bar jeder Scham unter die Gemeinschaftsduschen und bei jedem Treffen besorgt einer der Jungs einen Kasten Bier, der zur Freude aller in der Mitte der großen Nasszelle aufgestellt wird und aus der sich jeder, ob Verlierer oder Gewinner des Spiels, frei bedienen darf. Aber in einer solchen Männergruppe, und sei sie auch noch so verschworen, gibt es ganz klare Regeln dafür, was als ehrenhaft honoriert wird (zum Beispiel gute Zoten oder schneidige

Sprüche), was erlaubt ist (rempeln, schubsen, mit der Faust die Schulter eines anderen Mannes schlagen) und was auf gar keinen Fall geduldet wird.

Zu den Sachen, die trotz aller gegenseitiger Anerkennung und echter Freundschaft unter Männern nicht geduldet werden und mitunter eine unmittelbare Homophobie auszulösen in der Lage sind, gehören:

- den Hintern eines anderen Mannes tätscheln,
- einen Kussmund bei Begrüßung oder Verabschiedung machen,
- eincremen!

Wenn nach der seligen Duschrunde mit Bier einer der Männer mit leicht zur Seite geneigtem Kopf verkünden würde: »So und jetzt cremen wir uns ein!«, es würde sofort Stille herrschen im Duschareal, Handtücher würden hastig gezückt und um Hüften gebunden, jedermann würde sich wortlos und schnell ankleiden und im hastigen Hinausgehen leise ein »Bis nächsten Monat dann!« murmeln. Die Männer wären kurzzeitig verwirrt und den wenigsten würde an dieser Stelle spontan eine passende Bemerkung einfallen. Aber die männliche Verwirrung würde nur kurz anhalten. Auf jeden Fall beim nächsten Fußballtreff hätten sich alle wieder gefangen und der cremeaffine Mann (wie etwa Peters homosexueller Kumpel Raimund) würde unter der Dusche statt eines Bierchens ein Glas Prosecco gereicht bekommen, eventuell garniert mit einer flapsigen Bemerkung: »Aber eincremen musst du dich schon allein.«

Die Frau also cremt sich ein, macht sich zurecht und so ganz allmählich stellt sich dabei eine gesunde und beruhigende weibliche Selbstsicherheit ein. Das Bild im Spiegel lächelt und die Frau findet, dass sie sich durchaus sehen lassen kann. Jetzt muss sie sich eigentlich *nur noch* anziehen …

Die Frau ist abfahrbereit und der Mann für eine Abfuhr bereit

»Mann, war ich ein Ignorant!« – erinnert sich Peter an die Zeit mit Claudia zurück. Sie hatte sich auch immer für den Abend, und wie er jetzt erst versteht, für ihn zurechtgemacht. Und was hatte er getan? …

»Schatz? Machst du dich dann jetzt bitte auch fertig?«
Claudia weiß bereits, dass Peter weder Lust noch Leidenschaft verspürt, mehr als fünf Minuten in das Umkleiden zu investieren, aber wenn sie ihn gar nicht daran erinnert, dass er sich bitte wenigstens ein paar halbwegs schicke Sachen anziehen möge, dann vergisst er es am Ende völlig und die Zeit wird knapp.

Peter hört die Signale, legt die Zeitung beiseite und schlurft ins Schlafzimmer zu seinem Kleiderschrank (der deutlich kleiner ist als der von Claudia). Mit ratlosem Blick überfliegt er seine Kleidungsstücke und entscheidet sich innerhalb von zwei Sekunden für ein Hemd, Socken und eine Hose, alles frisch gewaschen und bis auf die Socken sogar gebügelt. Zwei Minuten später ist Peter vollständig umgekleidet und zufrieden. Er runzelt nur einmal kurz die Stirn, als er eine Frage quer durch die Wohnung an Claudia richtet: »Sag mal, was ist das noch mal, wo ich da heute Abend *mitgehen muss*? Muss ich da etwa auch noch eine Krawatte anziehen?«

Claudia, die sich soeben ein ganz klein wenig Lidschatten auflegt, hält kurz inne, seufzt vernehmlich, schüttelt den Kopf, lässt die Schultern hängen, dreht den Kopf in Richtung der geschlossenen Badezimmertür (nichts soll ihren großen Auftritt in wenigen Minuten im Voraus vermasseln) und ruft leicht genervt: »Ach komm, das habe ich Dir bereits fünfmal gesagt: Wir gehen zum Geburtstag von Sybille!«

Peter vernimmt diese Information mit einem Nicken, das Ausdruck seiner Ratlosigkeit ist und denkt: »Wer zur Hölle war jetzt noch mal Sybille? … Egal, wird wohl eine Freundin von ihr sein, also keine Krawatte, prima.«

Wohlgemut stapft Peter zurück ins Wohnzimmer, lässt sich erneut aufs Sofa fallen und kramt abermals die zerknitterte Zeitung hervor, während er auf Claudia wartet.

Claudia streicht sich ein letztes Mal durchs frisch frisierte Haar, schürzt ein wenig die Lippen und betrachtet ihr Spiegelbild, indem sie ihren Kopf leicht zur Seite neigt. Perfekt. Die Haare, wundervoll glänzend und voluminös zurechtgemacht, strahlen eine Corona engelsgleicher Schönheit aus. Ein dezentes Make Up unterstreicht ihre natürliche Schönheit. Die kleinen Ohrringe schmeicheln in Kombination mit der passenden Halskette ihrem schlanken Hals. Das lange schwarze Kleid lässt die Schultern frei und fällt bis knapp über ihre schlanken Fußknöchel. Die schwarzen Pumps mit nicht zu hohem, gehbarem Absatz vollenden eine göttliche Erscheinung, die elfengleich durch die Badezimmertür schwebt und mit gespieltem leicht schüchternen Blick vor Peter tritt, sich in ihrer zerbrechlichen Pracht für den Geliebten ein wenig eindreht und zaghaft mit großer Erwartung fragt: »Na?«

Peter schaut aus der Zeitung auf, erblickt die Frau vor sich und ist außer Stande, die folgende Bemerkung zurückzuhalten: »Mein Gott, da bist Du ja endlich. Ich hatte schon Angst, du wärst ins Klo gefallen oder so was.«

Es ist nicht ganz die Reaktion, die Claudia sich von ihm erhofft hatte. Das unschuldige Mädchen in ihr zerbirst und mit schockgeweiteten Augen sieht die erwachsenen Frau in ihr, wie Peter, der Mann, den sie (noch) liebt, gekleidet ist. Wie in Zeitlupe nimmt sie zunächst noch ungläubig wahr, *was* da auf dem Sofa vor ihr sitzt. Von unten nach oben wird sie folgender, in keinem Zeitalter der Menschheitsgeschichte modischen Kombination gewahr:

Es beginnt zunächst harmlos mit seinen schwarzen, halbwegs aktuellen Lederschuhen, die zwar nicht frisch geputzt sind, aber immerhin nicht vor Dreck starren, soweit ist die Welt sogar noch in Ordnung. Aber dann bahnt sich das Grauen seinen Weg, als Claudia die deutlich herausschauenden hellblauen Socken erkennt. Darüber schließt sich eine dunkelbraune Breitcordhose völlig ohne Protest und scheinbar wie selbstverständlich an.

Natürlich trägt er keinen Gürtel, wozu auch, die Hose rutscht ja aufgrund seines neugeschaffenen Bauchansatzes nicht mehr.

Seinen Oberkörper ziert sein schlechtsitzendes, rot kariertes Holzfällerhemd aus dickem Flanellstoff. Dieses Hemd hat Peter zu allem Überfluss auch noch so unglücklich in seine wunderbare Cordhose hineingestopft, dass sich auf der Höhe seiner rechten vorderen Hosentasche ein eigentümlicher Stoffknubbel unter der Hose gebildet hat, der dazu anregt, ein pathologisch deformiertes und unangenehm seitlich verrutschtes Lendenorgan an dieser Stelle zu vermuten.

Peters Gesamterscheinung strahlt von Kopf bis Fuß einen leicht vogelscheuchenhaften Ausdruck aus, der nicht nur auf Vögel verschreckend wirkt. Aber Peter scheint von all dem nichts zu bemerken. Glücklich und im Einklang mit sich selbst sitzt er auf dem Sofa und befindet sich in zerstreuter Harmonie mit dem gesamten Universum. Er ist eins mit dem Göttlichen, er ist im Sein entrückt und unantastbar.

Claudia löst sich ganz allmählich aus ihrem tranceähnlichen Zustand visueller Schockstarre, stemmt die Hände in ihre Hüften und versucht sich zu beruhigen. Zwei-, dreimal atmet sie tief durch, bevor sie wie beiläufig und nur mit ganz leicht bebender Stimme fragt: »Sag mal, dieses Hemd, das willst Du doch nicht wirklich anziehen, oder?«

Peter kehrt aus dem All zurück in die Realität, legt das Kinn auf die Brust, schaut an sich herunter und fragt: »Wieso nicht? Das Hemd ist doch noch sauber.«

Beachten Sie, verehrte Leserin, verehrter Leser, an dieser Stelle die Verwendung des Wortes »noch«, denn es deutet darauf hin, dass das Hemd nach diesem Abend wahrscheinlich nicht mehr sauber sein wird, aber das nur am Rande.

Claudia seufzt vernehmlich und sagt: »Sauber, sauber, ja, sicher ist das Hemd sauber. Aber mit so etwas kannst Du doch nicht ernsthaft auf eine Feier gehen wollen!«

Innerlich denkt Claudia bei sich: »Mist, letzte Woche war doch Altkleidersammlung, hab' ich die wieder verpasst. Das Hemd sollte doch schon seit Monaten still und heimlich entsorgt werden.«

Aber es ist Peters »Lieblingshemd«, aus welchen völlig unerfindlichen Gründen auch immer liebt er dieses Ding.

»Davon mal abgesehen, Du kannst doch nicht ernsthaft blaue Socken zu schwarzen Schuhen anziehen und dazu eine braune Cordhose tragen. Also bitte! Wie sieht das denn aus? Bist Du blind? Davon kriegt man ja einen Schlaganfall im Auge.«

Peter wirkt nun tatsächlich leicht konsterniert, da er die aufsteigende und leicht aggressive Stimme bei Claudia und ihren anklagenden Ton durchaus wahrnimmt.

Verwirrt, aber im Rückzug verteidigend, erwidert er: »Was hast Du denn jetzt gegen die Socken? Es ist doch wohl völlig egal, welche Farbe Socken haben, oder? Wenn ich mich hinstelle, sieht die doch eh kein Mensch, da fällt dann sauber die Hose drüber.« Peter steht auf, um Claudia zu beweisen, dass die Socken nun unter der Hose verschwinden und tatsächlich nicht mehr zu sehen sind.

»Also bitte! Es ist doch nun wirklich pupsegal, welche Farbe die Socken haben. Wenn Du die so schlimm findest und sie auf keinen Fall sehen willst, dann setze ich mich halt nicht hin auf der Party. Du glaubst doch wohl nicht im Ernst, dass da jemand auf mich zukommt und fragt: *Könnten Sie bitte mal kurz Ihr Beinkleid ein wenig anheben? Hier ist die Partysockenpolizei, welche Farbe haben Ihre Socken?* Also das ist doch jetzt echt Quatsch, reg Dich mal nicht künstlich auf. Sockenfarbe, also ehrlich …«

Auch Peter ist nun ernsthaft verstimmt und die Situation zwischen den beiden hat eine unterschwellige Eskalation hervorgerufen. Beide versteifen sich auf ihre Positionen und kurz herrscht Stille, als Claudia überlegt, was nun zu tun ist, denn die Zeit drängt, Sybille wartet.

Mit erhobenem Kinn dreht Claudia sich auf dem Absatz um, kramt in Peters Kleiderschrank und sucht ihm eine passende Kombination seiner Sachen heraus: Schwarze Socken, blaue Jeans, der passende Gürtel und das schöne neue, taillierte, weiße Hemd mit den silbernen Manschettenknöpfen, die ihm einen leicht extravaganten Touch geben. Sie legt alles ordentlich nebeneinander aufs Bett, zeigt mit dem Finger darauf und sagt: »Zieh das an!«

An dieser Stelle der Diskussion um das abendliche Outfit des Mannes gibt es eigentlich nur noch zwei Möglichkeiten für den weiteren Verlauf des Abends:

Möglichkeit a) Der Mann verweigert sich, er bleibt beratungsresistent und trotzig erwidert er: »Was? Ich soll mich jetzt noch einmal komplett umziehen? Nein. Weißt Du, wie lange es gedauert hat, bis ich hiermit endlich fertig war? Auf gar keinen Fall werde ich mich noch einmal neu umziehen. Wir gehen jetzt auf die Party.«

Der Mann stapft los und die Frau schlurft seufzend und kopfschüttelnd hinter ihm her. Jetzt muss sie so mit ihm auf die Party der besten Freundin gehen. All ihre anderen Freundinnen werden dort sein und sie werden den Mann an ihrer Seite einmal mehr mit besonderer Aufmerksamkeit mustern. **Sie überlegt, ob sie ihn auf der Party, wie Petrus, zunächst dreimal verleugnen sollte.**

Aber sie kann schon jetzt die leicht schnippischen Fragen der Freundinnen hören, wenn sie sich auf der Party gleich zu Anfang ein wenig abseits von ihm aufhalten würde: »Wo ist denn Dein Mann, ist er gar nicht mitgekommen?« Sie wird dann antworten müssen: »Doch, er ist da vorn, neben dem Sofa. Oh Gott, jetzt setzt er sich auch noch hin!« Seine blaue Sockenpracht wird einem Fanal gleich in die Partygesellschaft strahlen und sie wird holprig erklären müssen: »Er ist wirklich ein toller Mann, sehr humorvoll, sehr männlich, man sieht es ihm jetzt nicht unbedingt an, aber er hat viele innere Werte, er ist sozusagen inwendig schön.«

Alles in allem eine für die Frau überaus unerfreuliche, weil erklärungsbedürftige Situation.

Aber es gibt auch eine weitere Möglichkeit, wie der Abend nach der Aufforderung »Zieh das an!« verlaufen könnte:

Möglichkeit b) Der Mann fügt sich in das von der Frau vordefinierte Textilschicksal und zieht brav das an, was sie ihm rausgelegt hat. Er rettet damit nicht nur der Frau den Abend, die sich nun stolz an seiner Seite präsentieren kann. Möglicherweise rettet der Mann mit diesem einsichtigen Textilverhalten die gesamte Beziehung. Von heute an kann sich zwischen den beiden auf überaus harmonische Weise eine stillschweigende Übereinkunft entwickeln, die besagt, dass von nun an die Frau ihm seine Anziehsachen passend herauslegt und der Mann diese Vorleistung einspruchslos und mit Dank entgegennimmt.

Die beratende Funktion der Frau und ihre unleugbar höhere Fachkompetenz in modischen Angelegenheiten werden von selbstbewussten Männern gern dankend angenommen. Diese textile beziehungstechnische Übereinkunft hat für beide Seiten nur Vorteile. Denn die Frau hat es nun selbst in der Hand, wie der geliebte Mann an ihrer Seite auf den Rest der Welt wirkt. Für den Mann hat es auch einige Vorteile, denn er braucht sich jetzt nicht mehr selbst in die für ihn ungewissen Tiefen modischer Komplikationen zu verirren und kann ganz auf die Erfahrung der Frau vertrauen. Einige Männer fragen ihre Frauen dann offen: »Schatz, was meinst Du, was soll ich heute Abend anziehen, wenn wir uns mit meinem Chef treffen?«

Die zweite Variante ist für Männer, die sich selbst nicht so für Kleidung und Mode begeistern können wie die Frau an ihrer Seite, die empfehlenswertere. In langfristig gut laufenden Beziehungen finden wir nicht selten eine solche nicht schriftlich fixierte, aber seit Jahren erprobte Verfahrensweise.

Bei meinen Eltern, die knapp 50 Jahre miteinander verheiratet waren, bevor mein Vater starb, lief das während eines halben Jahrhunderts wunderbar und reibungslos. Mama legte die Sachen für Papa raus, Papa sah prima aus und meine Eltern waren glückliche Lebensgefährten.

Ich denke, dass diese Art der textilen Übereinkunft auch heutzutage ein kleines, wenn auch nicht zu vernachlässigendes Mosaik-Steinchen im großen Gebäude einer glücklichen Ehe ist. Denn Männer können sich selbst in unseren modernen

Zeiten und den angeblich ach so neuen Geschlechterrollen nur selten ebenso leidenschaftlich emotional für Mode und kombinatorische Accessoires begeistern wie Frauen.

Und ohne dass ich es hier geschrieben hätte, werden einige von Ihnen nun denken:»Doch, das habe ich schon gesehen, ich kenne Männer, die wirklich total viel Wert auf ihre Kleidung und ihr Äußeres legen …«

Ja. Richtig, diese Männer waren dann aber wahrscheinlich nicht so ganz heterosexuell orientiert, oder? Und genau deshalb sind heterosexuell orientierte Single-Männer, sobald sie die 7 goldenen Stufen auf dem Weg zum perfekten TAGESABSCHLUSS erklimmen wollen, ja auch gut beraten, wenn sie sich in textiler Hinsicht den Rat eines homosexuellen Freundes einholen. Denn Frauen achten sehr auf die Kleidung der sich feilbietenden Männer. Aber nicht nur das, Frauen achten natürlich insbesondere auch auf ihre eigene Kleidung und, was die wenigsten Männer bisher wussten:

Frauen fühlen farbig!

Liebe Männer auf dem Weg zum TAGESABSCHLUSS: Frauen fühlen farbig!

Das heißt, dass eine Frau ihren Gefühlen Farben geben kann.

Da ich die Fragezeichen der männlichen Leser hier quasi spüren kann, lassen Sie mich dazu kurz anmerken, dass eine Frau eine ganz individuelle Stimmung, eine sehr persönliche Art von Emotionalität in sich verspüren kann, die sie dazu veranlasst, eine ganz bestimmte Farbvarianz ihrer Kleidungsstücke auszuwählen.

Um ein konkretes Beispiel zu nennen: Stellen Sie sich eine großgewachsene, schlanke Frau mit heller, elfenbeinfarbener Haut und einem leicht goldenen Unterton im Teint vor. Um die Nase herum verleihen einige goldbraune Sommersprossen ihr jene jugendliche Lebhaftigkeit, die für den weiblichen Frühlingstyp so charakteristisch ist.

Ihre leuchtend petrolblauen Augen strahlen einen verführerischen Glanz aus und das honig- bis rotblonde Haar leuchtet mit einem seidigen Goldschimmer (während Frauen sich jetzt sehr genau vorstellen können, was für eine Frau vor Ihnen steht, kann es sein, dass einige Männer aufgrund der vielen Farbmischungen ein wenig unschlüssig sind). Als Basisfarben werden für den Frühlingstyp warmes Graugrün, Creme-Weiß, Elfenbein, Camel, helles Beige, helles Goldbraun, Schokoladenbraun und ein warmes Grau verwendet. Es kann nun gut sein, dass der Frau aufgrund einer besonderen Gemütslage nach einer ganz besonderen Varianz von Braun zumute ist. Schon die Art einer Nachricht auf dem Anrufbeantworter kann die Frau in eine Stimmung versetzen, die ein schokoladiges Sahnebraun erfordert, aber auch ein Pfirsich oder Apricot ist anzudenken. Möglicherweise ist Lachs, Koralle oder Hummer eher die passende Farbe zu ihrer Stimmung.

Bei Frauen gehen Farben und Gefühle Hand in Hand und sehr oft werden sie durch Obst und Wasserbewohner definiert.

Aber versuchen Sie, meine Herren, am besten erst gar nicht, über die weibliche Farblehre Rückschlüsse auf die Paarungsbereitschaft einer Frau zum TAGESABSCHLUSS zu ziehen, denn dieses Thema ist für männliche Denkkategorien zu komplex, zu vielschichtig und ist damit zu fehleranfällig.

Männer kennen in Bezug auf farbige Gefühle eigentlich nur eine klare Entsprechung: »Ja, stimmt, zur Beerdigung zieht man schwarz an, weil da alle traurig sind.« Kaum ein Mann wird vor dem Kleiderschrank seine innere Gefühlslage befragen und dieser eine farbkombinatorische Entsprechung auf der Grundlage seiner Basisfarben erwählen. Welcher Mann kennt auch schon seine Basisfarben? Deshalb wäre es auch vermessen, wenn er versuchen würde, die aktuelle Stimmungslage der Frau ihm gegenüber aufgrund der von ihr gewählten Farben zu eruieren.

Dennoch ist diese kleine Info insofern für Sie als Mann relevant, als dass Sie nun endlich verstehen, warum manche Frauen sich mehrmals am Tag umkleiden. Das liegt nicht daran, wie Sie bisher vielleicht gedacht haben, dass diese Frau so extrem viel transpiriert und die Klamotten ständig durchgeschwitzt sind, sondern daran, dass sich die Stimmung der Frau gewandelt hat und sie nun eine andere, gefühlsadäquate Kleidung mit anderen Farben benötigt. Das richtige Outfit ist Frauen übrigens nicht nur bei sich selbst elementar wichtig, sondern auch bei Männern und zukünftigen TAGESABSCHLUSS-GEFÄHRTEN!

Mehr dazu erfahren Sie jetzt in Stufe 2 …

Stufe 2 zum perfekten TAGESABSCHLUSS: Die ideale Location und das richtige Outfit

Sie wollen nicht lange herumsuchen, nicht alle möglichen und unmöglichen Orte ausprobieren? Sondern gezielt die Orte ansteuern, an denen sich statistisch signifikant mehr Frauen aufhalten, die auf der Suche nach einem TAGESABSCHLUSS-GEFÄHRTEN sind, als anderswo?

Beachten Sie dabei unbedingt Folgendes: Es geht hier ganz eindeutig **nicht** darum, ahnungslose Frauen mit irgendwelchen dubiosen Psychotricks zu schnellem Sex zu verführen! Sie sind ein selbstbewusster **Gentleman** und Sie sind auf der Suche nach charakterstarken Frauen, die ähnliche Bedürfnisse haben wie Sie. Frauen, die auf der Suche nach einem passenden TAGESABSCHLUSSGEFÄHRTEN sind. Daran ist nichts verwerflich, weil diese Frauen gefunden werden wollen. Ja, solche Frauen gibt es und es sind mehr, als Sie vielleicht bisher vermutet haben.

Frauen auf der Suche nach einem TAGESABSCHLUSS-GEFÄHRTEN erwarten von Ihnen, dass Sie die 7 goldenen Stufen perfekt beherrschen, auch wenn Sie bisher noch gar nichts davon gehört oder gelesen haben!

Die 7 Stufen sind für TAGESABSCHLUSSGEFÄHRTIN-NEN Test und Auswahlkriterium zugleich, um einen geeigneten TAGESABSCHLUSSGEFÄHRTEN auszuwählen.

Merkwürdigerweise hält sich auch in unserer, ach so aufgeklärten, angeblich postfeministischen Gesellschaft weiterhin hartnäckig das Vorurteil, dass eine Frau, die einen TAGES-

ABSCHLUSSGEFÄHRTEN für schnellen, unverbindlich guten Sex sucht, irgendwie verrucht, billig oder »unrein« sei.

Männer hingegen, die das gleiche Ziel verfolgen, gelten als wilde Casanovas, deren Treiben mit einem anerkennenden Schmunzeln goutiert wird. Eine himmelschreiende Ungerechtigkeit, die sofort abgeschafft gehört. Frauen haben selbstverständlich und unter allen Umständen das absolut gleiche Recht wie Männer auf einen unverbindlichen TAGESABSCHLUSS.

Aber wo halten sich diese Perlen von Frauen auf? Auch wenn Ihnen Freunde oder Ratgeber etwas anderes erzählen wollen, Sie treffen Frauen, die auf der Suche nach einem TAGES-ABSCHLUSSGEFÄHRTEN sind, <u>nicht</u> im Fitnessstudio, <u>nicht</u> in öffentlichen Verkehrsmitteln (ha ha) und <u>nicht</u> bei der Arbeit.

Frauen beim Sport, im Bus oder bei der Arbeit sind entweder beim Training, auf dem Weg zu einem bestimmten Ziel oder eben bei der Ausübung ihrer beruflichen Tätigkeit. Versuchen Sie erst gar nicht, Frauen an diesen Orten oder bei der Ausübung dieser und ähnlicher Tätigkeiten zum TAGESABSCHLUSS zu bewegen, es wäre absolut deplatziert, unpassend, belästigend, sexistisch, nervig und abstoßend.

Ich will nicht generell ausschließen, dass es Situationen geben könnte, in denen beim Sport, in der U-Bahn oder am Arbeitsplatz erotische Situationen vorkommen. Aber mein Tipp ist, dass Sie das weder dort suchen, erwarten, noch provozieren und selbst dann ablehnen, wenn es sich andeutet. Denn die Gefahr, dass sich aus einer Affäre am Arbeitsplatz große Probleme ergeben, ist enorm. Sie sind doch ein Gentleman, oder? Dann lassen Sie das!

Frauen, die einen Mann für den TAGESABSCHLUSS suchen, finden Sie vermehrt in Lokalitäten, in denen jegliche berufliche oder private Verpflichtung außen vor gelassen wird.

Gehen Sie in Diskotheken, Bars, Clubs, auf Partys, besonders gut eignen sich da zum Beispiel Partys unter dem Motto: »Heiraten für eine Nacht« …

Heiraten für eine Nacht

»Heiraten für eine Nacht« ist eine Partybewegung, die sich wachsender Beliebtheit erfreut. In meiner Heimatstadt und in einigen Städten, die ich auf meinen Tourneen besucht habe, konnte ich eingehende Recherchen anstellen.

Auf diesen Partys, die meist erst gegen 23.00 Uhr beginnen, sollten Sie aufgrund des klar definierten Zeitrahmens (die Nacht ist spätestens um 5.00 Uhr in der Früh vorbei!) Eile vor Auswahl stellen, wenn Sie denn die Chance auf eine einnächtliche Ehe mit einem TAGESABSCHLUSSGEFÄHRTEN beziehungsweise einer TAGESABSCHLUSSGEFÄHRTIN bekommen möchten. Da auf diesen Partys gegen 4.00 Uhr morgens kollektiv geschieden wird, können Sie aber natürlich auch beruhigt sein, dass ein kleiner Fehlgriff Sie nicht gleich für den Rest des Lebens begleiten wird.

Gehen Sie am besten auf Partys, die öffentlich sind und auf denen möglichst laut Musik gespielt wird. Warum das gut ist? Das und mehr erfahren Sie in Stufe 5 (Seite XY). Auf öffentlichen Partys ist der Anteil an Frauen, die auf hohem Niveau verführt werden möchten, auf jeden Fall am höchsten.

Aber verfallen Sie jetzt bitte nicht dem irrigen Gedanken, Sie könnten dort alle Frauen als Ziel Ihrer Fantasien beglücken. Selbst auf sogenannten Flirt- oder Singlepartys ist immer nur ein kleiner Anteil der anwesenden Frauen ebenso auf der Suche nach kurzfristigen körperlichen Vergnügungen. Damit Sie sich kurz einen ungefähren Eindruck davon machen können, wie die prozentuale Verteilung von Frauen mit welchen Zielen in diesen Locations ist, wappnen Sie sich nun für die Statistik[7]:

42 Prozent der Frauen dort sind liiert oder sogar verheiratet und kommen für den *unkomplizierten* TAGESABSCHLUSS

---

7 Vgl. Sie dazu auch: »Mann und Frau im gesellschaftlichen Wandel. Wer-wann-wo-mit-wem. Statistische Analyse und Verteilungswahrscheinlichkeiten«. Dr. Rudolph Schniesi, Paris im November 2012.

nicht infrage. Diese Frauen wollen nur einmal kurz ihren aktuellen Marktwert eruieren, ein bisschen mit den Mädels rumalbern oder einfach einen gemütlichen Partyabend genießen. Wenn Sie jetzt denken: »Wieso? Gerade verheiratete Frauen suchen doch oft mal 'ne kleine Abwechslung!«, dann haben Sie leider immer noch nicht verstanden, worum es hier in diesem Buch geht.

Wir lassen die Finger von verheirateten Frauen und Frauen, die einen Freund haben!

25 Prozent der Frauen können wir ausschließen, weil sie absolut nicht in Stimmung sind und auch nicht in Stimmung gebracht werden möchten. Die Gründe dafür sind mannigfaltig. Vielleicht kommt die Frau gerade ganz frisch aus einer gescheiterten Beziehung und hat noch überhaupt keine Lust auf irgendeine Art von männlicher Annäherung. Vielleicht geht es ihr generell nicht gut, sie hat Stress, ist krank, macht sich um irgendetwas Sorgen oder ist nicht heterosexuell und nur an Frauen interessiert. Vergebene Liebesmühe!

22 Prozent der Frauen sind durchaus in der Stimmung zu flirten, ziehen aber spätestens beim Küssen (Stufe 6) die nicht zu überwindende Grenze. Vielleicht haben sie einen wichtigen Termin am nächsten Morgen, der sie davon abhält, sich auf einen schlafraubenden TAGESABSCHLUSS einzulassen, oder vielleicht sind ihre Körper mit mondphasenbedingten Tätigkeiten beschäftigt, die sie Ihnen nicht offerieren möchte. Wie auch immer, mit diesen Frauen können Sie viel Spaß haben und die Stufen 2 bis 6 gehen. Eine prima Sache, aber bei diesen Frauen werden Sie nicht bis zu Stufe 7 und damit zum hier präferierten TAGESABSCHLUSS kommen.

11 Prozent der Frauen sind in generell positiver Grundstimmung für einen erotischen TAGESABSCHLUSS, aber sie werden es keinem sagen, nicht einmal ihrer besten Freundin und schon gar nicht Ihnen! Diese Frauen müssen Sie aus der Fülle an weiblicher Schönheit herausfinden, das gehört zum Spiel. Denn diese Frauen werden es Ihnen nicht einfach machen, auch das gehört zum Spiel. Sie müssen diesen Frauen beweisen, dass

Sie die 7 goldenen Stufen zum perfekten TAGESABSCHLUSS beherrschen. Dann, und nur dann, wird eine dieser Frauen Sie vielleicht erwählen.

Wie finden Sie nun heraus, welche Frauen zu den 11 Prozent gehören, die generell offen für einen TAGESABSCHLUSS sind? Das erfahren Sie nur, wenn Sie zuvor den richtigen ersten Eindruck vermittelt haben.

Der erste Eindruck zählt – auf zwei Ebenen!

Was ist Frauen wichtig? Worauf achten sie, wenn sie einen Mann beziehungsweise potenziellen TAGEABSCHLUSS-GEFÄHRTEN kennenlernen?

Frauen wollen gute Unterhaltung auf gehobenem Niveau. Humor gepaart mit Aufmerksamkeit – und natürlich wollen sie auch ein halbwegs ansprechendes Gegenüber anschauen!

Deshalb ist es absolut unerlässlich, dass Sie, meine Herren, auch auf einige äußerliche Dinge genau achten. Dazu gibt es zwei Ebenen, die Sie unbedingt berücksichtigen sollten.

1. Ebene: Körperhygiene

Eigentlich eine banale Selbstverständlichkeit, könnte man meinen, und zwar nicht nur für den anvisierten TAGES-ABSCHLUSS, sondern generell im Miteinander von Mann und Frau. Aber es ist immer wieder erstaunlich, wie wenige Männer diesem Aspekt tatsächlich ausreichend Bedeutung beimessen. Vielleicht liegt das auch daran, dass nur wenige Männer konkret wissen, was Frauen unter Körperhygiene verstehen und was ihnen bei einem Mann zu diesem Thema relevant erscheint? Die Standards, die Frauen in Bezug darauf für Männer festlegen, sind im Allgemeinen wesentlich höher als die Standards, die Männer dabei für sich selbst festsetzen. Wenn Sie an einem erfolgreichen TAGESABSCHLUSS interessiert sind, ist es deshalb wichtig, dass Sie sich auf den höheren, weiblichen Standard der Körperhygiene hocharbeiten.

»Aber wie soll das gehen? Was erwartet die Frau da konkret?«, werden sich jetzt einige fragen. Achten Sie ab heute ganz einfach auf die folgenden Punkte und freuen Sie sich: Sie werden sofort positiv bei allen Frauen auffallen und zwar egal, ob es sich um Ihre Partnerin in der Beziehung handelt oder ob Sie ein Single-Mann sind, der von Single-Frauen begutachtet wird!

- **Haare an allen Stellen** – außer der Behaarung auf dem Kopf – wirken auf Frauen nicht männlich, sondern im negativen Sinne animalisch.

  Wenn Sie Haare aus der Nase, den Ohren und im Nacken wachsen lassen, dann erhöhen Sie damit leider den affenartigen Anteil an Ihrem Körper.

  Also weg damit! Entfernen Sie Nasen-, Ohren-, Zwischenaugen- und Nackenhaare. Rasieren Sie sich gründlich. Ein Dreitagebart mag in der Werbung bei einem männlichen Model noch cool aussehen, wird aber spätestens ab Stufe 5 im Gesicht der Frau kratzen und pieken. Um wie viel mehr wird es dann bei der Frau an noch wesentlich sensibleren Stellen kratzen und pieken, wenn Sie an dieser Stelle vorausschauend einmal an Stufe 7 denken? So weit wird es dann nämlich nicht kommen, da sich der Frau beim Gedanken daran bereits alles zusammenzieht.

  Sofern Sie sich nicht alle paar Wochen an Brust und Bauch wachsen lassen wollen, sollten Sie Ihre Brusthaare, so Sie denn ein richtiger Bär sind, zumindest derart im Zaum halten, dass sie nicht gleich aus dem Hemd springen!

- **Finger- und Fußnägel** sind für Frauen ein extrem aussagekräftiges Argument für oder wider einen passenden TAGESABSCHLUSSGEFÄHRTEN. Peinlich sauber und ordentlich gekürzt ist hier der Mindeststandard. Alles andere führt nahezu immer zu sofortigem Ausschluss. Jetzt werden Sie vielleicht einwenden: »Aber die Fußnägel sieht die Frau doch erst mal gar nicht.« Nun, was machen Sie, wenn Sie die Frau bis Stufe 7 auf dem Weg zum perfekten TAGESABSCHLUSS begleitet haben? Lassen Sie dann im Bett die Socken an?

- **Zähne!** Ich hoffe, Sie haben gut gepflegte Zähne. Was heißt das überhaupt konkret? Zahnlücken sind ein absolutes No Go.

Die Frau wird sich fragen, warum Sie eine oder mehrere Zahnlücken haben und darüber schwer ins Grübeln in Bezug auf Ihre charakterliche Eignung kommen: »Hat sich dieser Mann geprügelt?«

Es wird Sie dann auch nicht retten, wenn Sie sagen: »Du solltest mal den anderen sehen!«

Wenn Ihnen bereits der ein oder andere Zahn abhanden gekommen ist, warum und wo im Mund auch immer, dann investieren Sie Geld in einen möglichst natürlichen Zahnersatz und vermeiden Sie Gold! Ein goldener Schneidezahn wird Sie ganz sicher in eine assoziative Ecke bewegen, die nicht zum TAGESABSCHLUSSGEFÄHRTEN dieses Buches passt.

Achten Sie unbedingt darauf, dass die Farbe Ihrer Zähne so weiß wie möglich ist. Es muss kein unnatürliches Bleaching-Weiß sein, aber die Frau wird sehr genau auf die Farbe Ihrer Zähne achten, insbesondere weil sie sich irgendwann – so ab Stufe 3 – fragen wird, ob sie ihre Zunge dazwischen stecken möchte. Je mehr die Farbe Ihrer Zähne von weiß nach gelb, beige, kaffeebraun oder rauchergrau abweicht, umso schlechter werden Ihre Chancen sein. **Rauchen Sie nicht, trinken Sie weder Kaffee noch Tee, putzen Sie sich dreimal täglich ordentlich die Zähne, gehen Sie zu allen Vorsorgeuntersuchungen beim Zahnarzt und investieren Sie mindestens zweimal im Jahr in eine professionelle Zahnreinigung.**

Das sieht nicht nur gut aus, sondern verhindert auch Mundgeruch, was Sie spätestens in Stufe 3 aus dem Spiel werfen würde.

2. Ebene: Die Kleidung

Es ist eine wichtige, um nicht zu sagen eine der elementarsten Gesten, der TAGESABSCHLUSSGEFÄHRTIN in spe auch auf textiler Ebene Respekt zu zollen. Achten Sie auf Details, diese sind wichtig – und sie fallen Frauen positiv (oder negativ!) auf.

Frauen erkennen einen gut gekleideten Mann viel eher als Männer eine gut gekleidete Frau!

Ohne das passende Outfit läuft gar nichts! Gepflegt und schick gekleidet, nur so können wir Männer punkten und am Ende auch landen! Was Sie für den TAGESABSCHLUSS anziehen ist eigentlich einfach, aber am Ende doch sehr kompliziert: **Das Beste!**

Es gibt absolut keinen Grund, nicht der bestgekleidete Mann auf dem Spielfeld zu sein. Gute Kleidung unterstützt einerseits das bereits in Stufe 1 aufgebaute Selbstvertrauen. Denn mit richtig guter Kleidung und der bereits erwähnten Sauberkeit gibt es absolut nichts mehr, was Sie glauben machen könnte, den anderen Männern im Raum unterlegen zu sein im Wettbewerb um die begehrtesten Frauen dieses Abends. Denn darüber sollten Sie sich auch im Klaren sein: Sie sind nicht der einzige Mann in der angesagten Location! Sie treten, ohne dass Sie es wollen, in einen Wettbewerb mit den anderen Männern vor Ort. Die Frauen wählen zuallererst nach Äußerlichkeiten aus, wie sollten sie auch anders? Achten Sie also unbedingt auf herausragend gute Kleidung. »Aber was ist das?«, werden Sie sich jetzt womöglich fragen.

Auf dem Feld der Mode gibt es zwischen Mann und Frau ziemlich grundsätzliche Unterschiede, die mitunter sogar zu Schwierigkeiten und Problemen führen können.

Betrachten wir doch zunächst einmal, was Frauen selbst mit Outfit und Look verbinden …

Frauen und ihre Kleider – Ein Zeichen von Individualität!

Frauen interessieren sich generell schon sehr eindeutig dafür, was sie tragen. Ich meine hier nicht, dass jede Frau auf alle aktuellen Modetrends hereinfällt oder diesen hinterherläuft. Die wenigsten Frauen lassen sich von außen so stark durch die Werbung beeinflussen. Aber wir müssen doch eindeutig festhalten, dass jede Frau von frühester Kindheit an Farben unterscheiden kann. Damit ist nicht gemeint, dass Männer generell farbenblind wären, im Gegenteil. Männer können sehr wohl die 16,7 Millionen Farben eines Flachbildschirms auseinanderhalten, da sind sie sogar noch besser als Frauen. Wenn es aber um die stilgerechte Kombination von nur 3 Farben am eigenen Körper geht, versagen oft seine Kenntnisse und ihm ist kaum zu erklären, warum bestimmte Farbkombinationen zueinander passen und andere nicht. Es entzieht sich ganz einfach seinem wissenschaftlich fundierten Grundwissen. Frauen spüren wie selbstverständlich, welche Farben bei ihnen zueinander passen und welche nicht. Sie können Stoffe erkennen und benennen, sie kennen nicht nur Baumwolle, Seide, Kaschmir, Polyester und Konsorten, sondern auch deren Misch- und Verarbeitungsformen, und wissen, welche Stoffe sich zu welchen Anlässen anziehen und kombinieren lassen. Ganz besonders wissen sie auch, welche Kombination unmöglich ist, wenn man nicht (bei anderen Frauen) unangenehm auffallen will.

Frauen nehmen ihr Spiegelbild sehr ernst und wissen, wie sie aussehen.

Sie analysieren daher ganz klar, was ihnen steht und was ihnen nicht steht. Aber das eigentlich Wichtige in Bezug auf Frauen und ihre Kleidungsstücke ist die Tatsache, dass jede Frau mit Durchlaufen ihrer Pubertät eine ganz eigene Persönlichkeit entwickelt, die nahezu untrennbar mit ihrem äußeren Erscheinungsbild korrespondiert. Jede Frau entwickelt so einen ganz eigenen, mitunter sehr individuellen Stil, der einerseits der gerade aktuellen Mode folgen kann oder ihr geradezu abweisend gegenübersteht. Auch hier sind Mischformen möglich. Aber besonders elementar ist, dass die individuelle Persönlichkeit einer Frau fast immer deutlich mit der Auswahl der von ihr bevorzugten Textilien im Einklang steht.

So würde eine emanzipierte, selbstbewusste Geschäftsführerin einer großen zum Beispiel Telekommunikationsfirma wohl kaum mit selbst gebatikten Pluderhosen zur Arbeit kommen, während dies bei der Leiterin eines Geburtshauses, das sich auf die natürlichste Art der Geburt spezialisiert hat, durchaus angebracht erscheinen mag und eine Frau im modernen Hosenanzug dort die schwangere, naturverbundene Kundschaft eher verwundern würde. Natürlich spielt die gerade aktuelle Rolle der Frau auch immer eine entscheidende Rolle. Ist sie privat zu Hause, trifft sie sich mit ihren besten Freundinnen, wird sie mit ihrem Liebsten auswärts essen gehen? Oder ist sie Single und auf der Suche nach einem geeigneten TAGESABSCHLUSSGEFÄHRTEN? Das alles wird die Auswahl ihrer Kleidung beeinflussen.

Ebenso haben viele Berufe ganz spezifische »Dresscodes«, denen sich alle Mitarbeiter anzupassen haben. Dennoch gibt es auch hier immer einen gewissen Spielraum, den die Frau individuell für sich zu nutzen weiß.

Insbesondere ihre kombinatorischen Accessoires können im Kleinen viel Wirkung erzielen. Da gibt es eine unendlich große Auswahl an Ringen, Ketten, Ohrschmuck und Dingen, die sich Frauen durch die Haut stechen lassen. Schmuck im Großen wie im Kleinen ist seit Anbeginn der Menschheit ein immer wieder bewährtes Mittel, um Individualität zum Ausdruck zu bringen.

Frauen interessieren sich für all diese Dinge und insbesondere eben auch für die textilen Komponenten ihres äußeren Erscheinungsbildes. Genau aus diesem Grunde geht die moderne Frau von heute auch ganz gerne ab und zu einmal bummeln.

Frauen bummeln – Männer schlurfen hinterher

Die eine bummelt regelmäßig, andere Frauen bummeln eher selten, aber Bummeln als solches findet bei Frauen durch die Bank weg wesentlich höheren Anklang als bei Männern.

Um mit einem Missverständnis bei den männlichen Lesern aufzuräumen, beachten Sie bitte Folgendes:

Bummeln bei Frauen ist nicht unbedingt ziel- und ergebnisorientiert.

Wundern Sie sich also bitte nicht, wenn Sie eine (oder Ihre) Frau beim Bummeln begleiten und die Frau nach eineinhalb bis zwei Stunden immer noch keine endgültige Kaufentscheidung getroffen hat. Viele Männer begleiten die Partnerin beim Bummeln und sind dann nicht selten erstaunt, wie scheinbar ziel- und planlos die Frau durch viele verschiedene Kaufhäuser, Boutiquen und Unterabteilungen bummelt, ohne bisher auch nur ein einziges Mal ihre Garderobe durch den Kauf eines Kleidungsstückes erweitert zu haben. Denn Frauen bummeln nie nur ausschließlich in einem Laden. Viel eher scheint es so, als ob die Frauen mitunter eine Art »Bummelhopping« veranstalten. Kreuz und quer führt sie ihr Weg durch die unterschiedlichsten Bekleidungsverkaufsräume der Stadt. Den wenigsten Frauen ist dabei überhaupt bewusst, welch lange Strecken sie bei diesem Bummelhopping zurücklegen.

Befindet sich die Frau in Partnerschaft mit einem Mann, kann es vorkommen, dass der Mann aus Liebe zur Frau mit ihr zusammen bummeln geht. Das heißt aber natürlich nicht, dass auch der Mann bummelt, der Mann begleitet die Frau, er ist der Mann an ihrer Seite, auch wenn wir diesen bummelbegleitenden Männern recht schnell ansehen können, dass ihre körperliche Verfassung kaum dazu angetan ist, mit dem Bummel-Marathon der Frau Schritt zu halten. Die meisten Männer fallen nach kurzer energischer Anfangsphase läuferisch hinter die Frau zurück und müssen nicht selten immer wieder neu aufgemuntert und ermahnt werden, nicht den Anschluss an die Führungsläuferin zu verpassen. In den kurzen Pausen, in denen die Frau innehält, um sich Kleidungsstücke genauer anzuschauen, kann der Mann seufzend zu ihr aufschließen, nur um dann festzustellen, dass sie sich unmittelbar darauf wieder erneut aufmacht, um weitere Textilien zu entdecken.

Achten Sie einmal auf Paare in den Textilwarenhäusern: Die Frau bummelt fröhlich vorneweg, der Mann schlurft meist nur wie ein Lastenmuli hinter der Frau her.

Je länger die Frau bummelt, umso wahrscheinlicher wird es, dass der Mann irgendwann anfängt zu infantilisieren[8]. Eine zunächst nur in seiner Körperhaltung sichtbare Veränderung spiegelt im Äußeren, was in seinem Inneren vorgeht. Sein aufrechter Gang verliert an Spannung, das bisher energisch vorgeschobene Kinn gleitet allmählich nach unten, die Schultern sinken und fallen langsam nach vorn, der Rücken krümmt sich und sein Gang wird schlurfend bis schleppend. Im Geiste kehrt der Mann nun allmählich zurück in seine Kindheit, als seine Mutter ihn immerzu an der Hand hinter sich herzog, um Termine einzuhalten, einzukaufen oder schnell noch eine Freundin zu besuchen, obwohl der kleine Junge eigentlich schon viel zu müde war und nur noch ins Bett wollte.

Die Infantilisierung des Mannes schreitet fort, je länger die Frau bummelt. Der Mann versucht sich seine Müdigkeit aus den Augen zu blinzeln und er weiß, dass er besser nicht gähnt, um die Frau nicht zu verärgern, sie könnte sein Desinteresse ahnen.

Dann allerdings kann er nicht mehr an sich halten, seine kognitive Verjüngung auf Quengel-Alter schreitet rasant voran und seinem Mund entschlüpft ein deutlich zu vernehmendes: »Wie lange dauert es denn noch? Wann bist Du endlich fertig?«

Die Frau allerdings hört diese ersten Anzeichen der Erschlappung des Mannes zunächst gar nicht, sie ist ganz und gar eins mit ihrer Bummelei. Frauen erreichen beim Bummeln manchmal geradezu mystifizierte Zustände des Verschmelzens mit dem Augenblick. Sie konzentrieren sich voll und ganz auf ihre

---

8 Von Lateinisch infantilis = kindlich.

abenteuerliche Suche nach Textil und überhören geflissentlich männliche Störeinflüsse. Je länger die Frau den Mann allerdings ignoriert, umso sicherer wird der Mann die nächste Stufe der Infantilisierung erreichen. Sobald er abermals schnaufend und mit hängenden Schultern zu ihr aufgeschlossen hat, wird er so etwas veräußern wie: »Ich habe Hunger!« Wenn die Frau auch darauf nicht reagiert, steht er einige Minuten später mit den Pobacken wippend neben ihr und lässt sie wissen: »Ich muss mal …!«

Spätestens dann, meine Damen, sollten Sie ein Einsehen haben. Die männliche Wahrnehmung des gemeinsamen Bummel-Events unterscheidet sich von der weiblichen nämlich grundsätzlich.

Frauen halten auch längere Bummelphasen und -strecken komplett erschöpfungsfrei durch. Und wenn sie sich ein um das andere Textil genauer anschauen, dann tun Frauen dies mit scannendem Blick für das Wesentliche und können die von ihnen anvisierten Kleidungsstücke innerhalb von Sekundenbruchteilen analysieren, kategorisieren und mittels eines klaren Preis-Werte-Systems bewerten.

Die Frau hebt eine Bluse mit sommerlicher Farbgebung vom Präsentationsständer der Boutique, schaut sich die Bluse mit ausgestrecktem Arm kritisch musternd an und hält dabei den Kopf etwas gesenkt, das Kinn leicht nach unten gedrückt. Sie dreht und wendet die Bluse und kommt schließlich zu der Folgerung: »Das ist wirklich eine schöne Bluse, sehr süß, aber nichts für mich. Für Sabine wäre das was.«

Das Faszinierende an dieser Szene ist die Tatsache, dass Frauen beim Bummeln nicht nur für sich selbst bummeln und Textilien in Erwägung ziehen, sie können dies auch für die (aus männlicher Sicht) schier unendliche Anzahl von Freundinnen und weiblichen Bekanntschaften, obwohl die in diesem Augenblick rein physisch gar nicht anwesend sind. Die Frau hat sämtliche ihrer besten Freundinnen mit allen relevanten Daten abgespeichert präsent. Sie kennt deren Größen, die Maße, den Typ und die persönlichen Vorlieben ihrer Freun-

dinnen und kann sie so auch quasi rein hypothetisch mit einkleiden. Dabei ist es nicht einmal ausschlaggebend, ob die Frau
nun am Ende tatsächlich eine Bluse für ihre Freundin kaufen
wird, das eigentlich Relevante finden wir in der Tatsache, dass
Frauen durchaus Textilien für andere passend auswählen können und dies mitunter auch gerne tun.

Männern käme ein solches Verhalten wohl kaum in den Sinn.
Davon abgesehen, dass Männer ohnehin kaum bummeln, frage
ich Sie: Haben Sie in den Herrenabteilungen großer Waren-
häuser oder beim Herrenausstatter schon einmal heterosexuelle Männer beobachtet, die für andere heterosexuelle Männer
bummeln? Wahrscheinlich haben Sie so etwas auch noch nicht
erlebt. Die Absurdität einer solchen Situation wird Ihnen umso
deutlicher, wenn Sie sich einmal vorstellen, wie ein solcher
Mann mit breiten Schultern und kraus gezogener Stirn durch
die Herrenabteilung bummelt, mal hier verharrt, dort schaut
und schließlich aus dem Grabbeltisch mit den Sonderange-
boten eine Unterhose hervorzieht, die er besonders kritisch
beäugt. Glauben Sie ernsthaft, dass dieser Mann die Unterhose in Größe 6 dreht, wendet, den Kopf neigt, analytisch eine
Augenbraue hochzieht, das Bündchen testet, um dann schlussendlich die Umstehenden wissen zu lassen:

**»Das ist ja toll! Diese Unterhose wäre doch genau das Rich-
tige für Bernd!«**

Nein, das kommt nicht vor.

Irgendwann wird die Frau selbstverständlich auch etwas entdecken, was ihr persönlich sehr gut gefällt und die positiven
Aspekte ihrer Figur betont.

»Oh, das gefällt mir, das probiere ich mal an, und die Hose
passt ja super dazu, die nehme ich auch gleich noch mit.«

Leichtfüßig gleitet die Frau mit neu ausgewähltem Oberteil
und Hose in eine der Umkleidekabinen, während der sie be-
gleitende Mann brav wartet, bis das Frauchen wieder erscheint.

Mir ist aufgefallen, dass Frauen dann eigentlich immer mit
einer gewissen Erwartungshaltung aus der Umkleidekabine

eines Modeanbieters heraustreten. Der Vorhang schwingt frisch und energisch zur Seite und gibt den Blick frei auf eine forsch heraustretende Dame, die zielstrebig vor den wartenden Mann tritt und mit leichter Aufforderung im Blick die grandios detailliert ausformulierte Frage stellt: »Na?« Dabei dreht sie sich leicht von einer Seite zur anderen und lässt eventuell kurz die Augen klimpern.

Der Mann hebt leicht verwirrt den Blick, schaut seiner Partnerin in die Augen und formt mit seinen Lippen ein stummes »Äh…«, was ähnlich konkret daherkommt wie das die neue Situation einleitende »Na?« der Frau.

Mit »Na?« und »Äh…« stehen sie sich nun gegenüber und von irgendwoher entsteht eine gewisse, nicht ganz fassbare Spannung zwischen den beiden. Blitzschnell analysiert der Mann, dass das »Na?« der Frau auf eine gesteigerte Erwartungshaltung ihrerseits hinweist und es an ihn gerichtet ist, er soll reagieren, er muss reagieren, aber worauf denn nur? Was erwartet sie von ihm? Was soll er tun?

Kleiner Hinweis für die Damen: Seine Verwirrung rührt daher, dass der Mann bisher noch nicht bemerkt hat, dass Sie mit komplett gewandelter Garderobe aus der Umkleide herausgetreten sind.

Auch auf männlicher Seite steigt die Spannung, die von seiner plötzlich auftretenden, instinktiven Angst herrührt, nun etwas Falsches zu tun oder zu sagen und dann eine emotionale Kettenreaktion in Gang zu setzen, deren Ausgang er nicht kontrollieren kann. Der Mann verspürt aber nicht nur Kontrollverlustängste, ihm wird darüber hinaus blitzartig gewahr, dass er sich von einem Augenblick auf den anderen in vermintem Gebiet befindet. Endlich wird ihm klar, dass Sie ja nun die Kleidungsstücke tragen, die Sie vorhin dem Ausstellungsraum des Modehauses entnommen haben (er erkennt es an den Preisschildchen, die an der Seite unheilvoll schwingen).

Der Mann weiß nun bereits aus Erfahrung: »Oh, oh, jetzt kann ich unheimlich viel falsch machen.« Genau aus diesem Grund reagieren viele Männer in dieser Situation ja auch so herrlich unbefangen, indem sie nun eifrig nickend die rundherum detaillierte Aussage treffen: »Schön!«

Mit »Schön!« hofft der Mann einerseits, die für ihn unangenehme Spannung aus der Situation zu nehmen, und andererseits, die Frau davon zu überzeugen, dass er mit ihr einer Meinung sei, auch wenn er im Prinzip aufgrund seines fortgeschrittenen Erschöpfungszustandes kaum eine eigene Meinung in Bezug auf ihre Kleidung wird veräußern können. Der Mann hofft mit »Schön!« im wahrsten Sinne des Wortes »aus dem Schneider zu sein«.

Aber nur mit »Schön!« kann die Frau herzlich wenig anfangen, es ist nicht die Reaktion, die sie erwartet, und es ist nicht die Beratung, die sie sich wünscht. Daher fragt sie ein wenig enttäuscht doch noch etwas genauer nach: »Schön? Ja gut, aber wie genau denn schön? Was meinst Du, zu welchen anderen Sachen, die ich zu Hause habe, würde es denn noch gut passen?«

Die Gedanken des Mannes rotieren auf Hochdruck. »Aber ja klar, sie hat noch andere Sachen zu Hause, sogar ziemlich viele, wenn man die Ausmaße ihres Kleiderschranks in Betracht zieht, aber welche? Was passt wozu und warum?«

Der Mann muss sich eingestehen, dass er die Frage an sich gar nicht richtig verstanden hat.

Die Frau seufzt. Von diesem Mann wird sie in seinem gerade akuten Zustand keine typgerechte Beratung mehr bekommen. Da sie aber inzwischen eine nicht unerhebliche Strecke gebummelt ist und sich nun in einige dieser neuen Kleidungsstücke verliebt hat, will sie am heutigen Tage das Bummeln nicht ohne Kauf abschließen. Daher legt sie ihren Kopf ein wenig keck zur Seite, hält rechts und links in jeder Hand jeweils einen Bügel mit Bluse hoch und fragt den Mann: »Na gut, was meinst Du? Die oder die?« Dabei hebt sie jeweils abwechselnd erst die eine, dann die andere Bluse noch ein Stückchen höher dem Mann fragend hin.

Und an dieser Stelle wird die bisher schwierige Situation für den Mann nahezu gefährlich. Aus langjähriger Erfahrung weiß der Mann inzwischen, dass er am Ende sehr wahrscheinlich ohnehin die falsche Entscheidung getroffen haben wird, völlig egal, für welche Bluse er sich auch entscheidet. Also betreiben die meisten Männer dann lieber eigenfinanzierte Deeskalationsstrategien, indem sie erschöpft die sichere Variante hin zur weiblichen Zufriedenheit wählen und mit leicht geöffneten Händen ihrer Kapitulation auch gestisch Ausdruck verleihen und resigniert sagen:

»Schatz, nimm doch beide.«

Was die meisten Männer in dieser Situation allerdings nicht wissen ist, dass die Frau auf dieses Ergebnis bereits seit zwei Stunden systematisch »hingebummelt« hat. Hier sehen wir also deutlich, dass Frauen generell an Kleidungsstücken interessiert sind und gern bummeln gehen.

Und was machen Männer für gewöhnlich in Sachen Kleidung und Outfit?

Männer und ihre Klamotten – Schutzbekleidung

Die Beziehung der meisten Männer zu Kleidungsstücken ist tatsächlich eine komplett andere. Das sehen wir schon daran, dass Männer weit weniger von »Mode« und »kombinatorischen Accesoires« sprechen als von »Klamotten«. Klamotten sind jene Textilien, die der Mann bereit ist, am Leibe zu tragen. Aber auch die Auswahl und die Zusammenstellung dieser Klamotten folgt beim Manne komplett anderen Zielsetzungen als bei der Frau. Während Frauen modische Kombinationen im Hinblick auf ihren möglicherweise veränderten Gesamteindruck auf die Außenwelt hin auswählen, betrachten viele Männer Kleidungsstücke überwiegend aus rein funktionaler Sicht. Männer fragen das Kleidungsstück ganz konkret: »Was kannst Du für mich tun?«, oder sie fragen sich selbst in Bezug auf ein infrage kommendes Textil: »Wovor kann mich dieses Kleidungsstück beschützen?« Es gibt viele Gefahren im alltäglichen Leben von Männern. Kälte, Nässe und berufsbedingte Arbeitsabläufe sind die am häufigsten auftretenden alltäglichen Gefahren, denen der männliche Körper ausgesetzt ist. Textilien sollten in der Lage sein, die für den Mann drei wichtigsten Kriterien in diesem Zusammenhang zu erfüllen:

1. Die Kleidungsstücke sollten bequem sein,
2. nicht kratzen und
3. den Körper des Mannes schützen.

Unbequeme Kleidung, die zu eng geschnitten ist oder den vollen Bewegungsspielraum des männlichen Körpers einzuschränken droht, disqualifiziert sich meist von ganz allein. Klamotten, die kratzen (meist Oberbekleidung aus Wolle), werden ohnehin verachtet. Was für einen Sinn sollte es machen, sich selbst in einen Kokon zu zwängen, der einem üble Hautreizungen zufügt?

Kleidungsstücke, die unbequem sind <u>und</u> kratzen, fallen bei Männern unter die in den erweiterten Genfer Konventionen verbotenen Foltermethoden und sollten verbrannt werden, um Schaden von der Menschheit abzuwehren.

Das anvisierte Kleidungsstück sollte darüber hinaus in der Lage sein, den Körper des Mannes vor den alltäglichen Umweltgefahren zu schützen. Daher kennen Männer außer berufsspezifischer Arbeitskleidung auch noch »Kälteschutz-Kleidung«, »Nässeschutz-Kleidung« und »Kampfschutz-Kleidung«.

Die Kleidung wirkt auf den Mann umso hochwertiger, je mehr sie in der Lage ist, mehrere dieser Schutzaspekte in einem einzigen Textil zu vereinigen. Ein Verkäufer in einem Outdoor-Laden verkauft seine Jacken an Männer am besten mit folgender Beschreibung: »Diese Jacke macht wirklich alles mit, was Ihnen auch immer passieren kann. Sie hält im tiefsten Winter schön warm, ist natürlich 100 Prozent wasserdicht, atmungsaktiv, hat durch die mehr als 12 Spezialtaschen viel Stauraum, der aber bei Ihren Bewegungen nie störend wirkt, und die Jacke ist extrem belastbar. Da geht nichts kaputt. Sie könnten damit sogar ins Kampfgebiet und durch den Dschungel rennen oder einen felsigen Abhang hinunterrutschen, sollten dann Löcher da drin sein, bringen Sie die Jacke zurück. Sie bekommen zehn Jahre Garantie, dass diese Jacke Sie warm und trocken hält und nicht kaputt geht, egal, was immer Sie damit auch unternehmen. Es fehlt eigentlich nur noch, dass sie auch kugelsicher ist, aber Sie werden verstehen, dass das zu diesem Preis dann nicht mehr machbar ist.«

Mit diesen Argumenten verkaufen Sie echten Männern auf jeden Fall eine Jacke, aber nur, wenn der Mann nicht zusammen mit seiner Partnerin im Outdoor-Shop steht. Denn es könnte sein, dass diese dann trotz aller Vorzüge einer so vortrefflichen Jacke sagen wird: »Nein, Schatz, dieses dunkle Grün sieht fürchterlich an Dir aus, es passt so gar nicht zu deinem Hauttyp, Du siehst darin fast kränklich aus. Haben Sie die Jacke nicht auch in einem modischen Lapislazuli mit leichter Taillierung und ohne diese ganzen Taschen und dämlichen Reißverschlüsse?«

Wenn ein Kleidungsstück in der Lage ist, Punkt 1 (Bequemlichkeit), Punkt 2 (kein Kratzen) und Punkt 3 (funktionale Schutzfunktionen) in sich zu vereinigen, dann gilt es bei Männern als Kleidungsstück der engeren Wahl. Die Farbgebung spielt dabei nur eine untergeordnete Rolle.

Ist der Mann Single, solo und allein ohne Frau unterwegs, dann hat er damit auch einen für ihn leicht anwendbaren Kriterienkatalog an der Hand, um sich alle paar Jahre wieder einmal ein neues Kleidungsstück zuzulegen.

Aber für den erotischen TAGESABSCHLUSS mit einer Ihnen bis dahin noch unbekannten TAGESABSCHLUSSGEFÄHRTIN sind diese Kleidungsstücke leider unbrauchbar. Denn Frauen ignorieren die von Männern präferierten Aspekte von Kleidung vollkommen. Sie folgen ausschließlich ihren eigenen, sehr weiblichen Kriterien bezüglich des Aussehens und der Kleidung des Mannes. Von daher wird es eine in bester Stimmung befindliche TAGESABSCHLUSSGEFÄHRTIN kaum beeindrucken, wenn

Sie mit der superteuren Outdoor-Jacke, die winddicht, wasserfest, atmungsaktiv und »unkaputtbar« ist sowie zehn Jahre Garantie hat, den Club betreten.

Immerhin: Zehn Prozent der männlichen Bevölkerung können sich gut einkleiden!

Etwa zehn Prozent der männlichen Bevölkerung legen viel Wert auf ein stimmiges Erscheinungsbild und können sich darüber hinaus fast in jeder Situation adäquat kleiden. Diese Männer cremen sich natürlich auch ein, damit ihre Haut möglichst lange frisch, jung und faltenfrei aussieht. Diese Männer sehen zu allem Überfluss außerdem noch so gut und durchtrainiert aus, dass viele erfahrene Frauen das Einzige für die Damenwelt relevante Problem solcher Männer erkennen und feststellen: »Oh Mann, sieht der gut aus, schaut Euch diesen Typen an! Wo kommt der denn her? Mist, der ist auch noch so elegant angezogen, hat super Manieren und so reine Haut, der ist bestimmt schwul.«

Von diesen Männern können wir viel lernen, denn ihre Erfahrungen im Bereich Körperpflege und Kleidungsstücke begeistern heterosexuelle Frauen! Wenn Sie es also hinkriegen, die besten Aspekte von homosexuellen und heterosexuellen Männern in sich zu vereinen, dann haben Sie hier in Stufe 2 alles richtig gemacht. Sie wären dann ein absolut angesagtes, heterosexuelles Hybridmodell mit den besten Vorzügen für jede Frau!

Aber den allerwenigsten Männern gelingt das.

Männliche Extrembeispiele – Textilignoranten unter sich

Peter hat damit so seine ganz eigenen Erfahrungen. Er erinnert sich noch zu gut an Erlebnisse mit seiner Ex-Frau Claudia zurück …

»Ich weiß wirklich nicht, was mit den Frauen los ist, was mit Dir los ist«, entrüstet sich Peter gegenüber Claudia, als die beiden nebeneinander auf dem Sofa sitzen.

»Ständig dieses Rumgenörgele an meinem Aussehen und den Klamotten, die ich anziehe, das nervt. Jetzt mal im Ernst, wie wichtig ist es wohl, was ich anhabe? Sonst reden Frauen ständig von den *inneren Werten* und wie wichtig die angeblich seien. Ja, ich als Mann soll **Deine** inneren Werte schätzen und bitte nicht darüber sprechen, dass der Rest seit der Geburt unseres ersten Kindes doch ziemlich aus der Form geraten ist. Aber die Dame selbst muss ständig an meinen Lieblingsklamotten rumnörgeln, anstatt **meine** inneren Werte zu schätzen.«

Und so saßen die beiden dann schmollend und schweigend nebeneinander auf dem Sofa …

Seit Adam und Eva vom Baum der Erkenntnis genascht haben (der ganz bestimmt von der Modeindustrie dort hingestellt wurde) und das Paradies verlassen mussten, schämen wir einander in unserer Nacktheit und bedecken diese mit Kleidung. Aber wie wir das machen, da gibt es eben große Unterschiede. Nicht nur zwischen Mann und Frau, auch in der männlichen Textilignoranten-Gruppe intern gibt es verschiedenste Abstufungen der Verwegenheit.

Ganz oben, an der Spitze der Pyramide der Modeverweigerer, finden wir einen sehr kleinen Anteil von Männern, die von Frauen als männliche Extrembeispiele angesehen werden (beziehungsweise eben *nicht angesehen* werden).

Es handelt sich dabei um jene kleine Gruppe von heterosexuellen Männern (homosexuelle Männer finden Sie in der Gruppe kaum), die ab einer ganz bestimmten sommerlichen Temperatur ihr Aussehen derart auffällig unangenehm verändern, dass Frauen beim Anblick nicht selten Spontanmigräne bekommen oder sich ihre Regel vor Schreck ein paar Tage nach hinten verschiebt, da kann der Mond machen, was er will. Die Frau fragt sich dann: »Bin ich schwanger? Ich musste mich ja auch schon übergeben.«

Nein, die Frau ist nicht schwanger. Der Schock beim Anblick eines sommerlich-männlichen Extrembeispiels war schuld. Es ist merkwürdig, aber derartig extrem gekleidete Männer scheinen sich nur bei amtlichen Temperaturen von über 30 Grad Celsius in frauenabweisende Mutanten zu verwandeln. Zum Glück ist diese Art inzwischen vom Aussterben »bedroht«.

Liebe Leserinnen, Sie wissen vermutlich bereits jetzt, von welchen Männern ich schreibe. Ich weiß, meine Damen, dass allein die bildliche Vorstellung eines so gekleideten Mannes ihre Grenze von Scham neu definieren kann. Frauen laufen beim Anblick solcher Männer gern über vor lauter Gefühlen des Fremdschämens. Daher will ich die Ausformulierung hier kurz und knapp, aber doch deutlich halten, denn ich weiß aufgrund meiner Erfahrungen, dass nicht alle Männer schon wissen, wovon wir hier reden. Wenn Sie es emotional nicht verkraften, meine sehr verehrten Leserinnen, dann können Sie die folgenden Zeilen auch überspringen und beim nächsten Kapitel weiterlesen. Ansonsten bereiten Sie sich bitte jetzt auf jene kleine Gruppe von Männern vor, die trotz jahrzehntelanger Umerziehungsbemühungen von Frauen ab einer Außentemperatur von 30 Grad Celsius und höher immer noch, bar jeder selbst empfundenen Peinlichkeit, folgende modische Kombination trägt:

Kurze Hose, matt-hundekotbraune Ledersandalen und (Trommelwirbel) weiße, verwaschene <u>Tennissocken</u>.

Wir lassen das Beben kurz abebben …

Obwohl der Mann nie Tennis gespielt hat, trägt er Tennissocken! Von der modischen Apokalypse mal abgesehen, disqualifiziert ihn das auf funktional-textiler Ebene selbst aus der üblichen männlichen Sichtweise heraus. Auch wenn nicht alle Männer die modischsten Bekleidungskünstler sind, so achten sie doch zumindest darauf, dass wenigstens der funktionale Aspekt ihrer Kleidung der Situation angemessen ist.

Wenn er zur Arbeit geht, trägt er seine Arbeitsklamotten. Wenn er am Wochenende mit den Jungs Fußball spielt, zieht er seine Fußballsachen an. Und wenn es im Urlaub beim Hochgebirgstrekking im nepalesischen Himalaja heftig reg-

net, dann testet er seine tolle neue Outdoor-Jacke (wasserdicht, atmungsaktiv und extrem belastbar – die mit den vielen nützlichen Reißverschlüssen).

Daher runzeln auch die meisten Durchschnittsmänner abschätzig die Stirn, wenn ein Mann in dieser Situation völlig falsche Funktionskleidung trägt.

Genauso wenig sollten Männer, die nicht gerade im Dschungel kämpfen, Camouflage-Hosen tragen (männliches Extrembeispiel Nummer zwei – sogar bei jüngeren Männern anzutreffen). Oder, wenn sie nicht gerade für den nächsten Marathon oder sonst eine körperlich anstrengende Sportart trainieren, einen Trainingsanzug (männliches Extrembeispiel Nummer drei – gibt's leider auch immer noch). Ebenso wenig sollte ein Mann, der nicht Tennis spielt, seine Füße in Tennissocken verstecken. Hinzu kommt, dass gewisse Männer die Tennissocken fast bis auf Kniehöhe hochziehen, sodass es aussieht, als würden sie Kniestrümpfe tragen. Ohne Kraftaufwand ist es kaum möglich, Tennissocken so weit hochzuziehen, da muss der Mann richtig ziehen, um die Socke derart entgegen ihrer Bestimmung zu überdehnen.

Wie war das noch mit der Vertreibung aus dem Paradies? Adam und Eva aßen vom *Baum der Erkenntnis* und schämten sich danach ob ihrer Nacktheit.

Frau wünschte sich, diese männlichen Extrembeispiele würden noch einmal neu vom Baum der Erkenntnis naschen und dann hoffentlich erkennen, dass es nicht immer ausreicht, seine Nacktheit *irgendwie* zu bedecken.

Männer in diesem Aufzug sehen Sie in den seltensten Fällen in leidenschaftlicher weiblicher Begleitung. Bisher nie gesehen wurde ein solcher Mann eng umschlungen von einer paarungswilligen Frau, die ihm einen hingebungsvollen Kuss schenkt, wild über seine planlos behaarte Brust streicht und ihm ins Ohr säuselt: »Schatz, Deine Socken machen mich schon wieder ganz heiß. Los, drehen wir um, ab nach Hause und schnell ins Bett. Ich kann es kaum erwarten, Deine Hände auf meinem Körper zu spüren. Und lass die Socken unbedingt an im Bett!«

Nein, so ein Satz wurde bisher von keiner Frau an einen solch tennisbesockten Mann gerichtet.

Warum sehen Sie solche Männer nie in liebender Zweisamkeit mit einer Frau? Entweder diese Männer haben keine Partnerin (was bei diesem Erscheinungsbild nicht verwundert) oder aber sie haben zwar eine Partnerin (weil sie irgendwelche, ganz besonderen Fähigkeiten besitzen, über die wir hier nicht spekulieren wollen), aber ihre Frauen wollen sich nicht mit ihnen in der Öffentlichkeit zeigen. Deswegen müssen diese Männer allein außerhalb der gemeinsamen Wohnstatt herumlaufen und sich dann auch selbst ihre Klamotten kaufen …

Wenn Männer selbst ihre Kleidungsstücke kaufen

Die Begeisterung der Männer beim käuflichen Erwerb von Textilien wäre, könnte man sie auf einer numerischen Skala darstellen, nicht halb so groß wie auf Seiten der Frauen. Männer kaufen nicht gerne neue Klamotten, sie kaufen sie auch aus völlig anderen Gründen als Frauen.

Während Frauen ab und zu einfach einmal bummeln gehen, um zu schauen, was es Neues gibt, kaufen Männer ihre Kleidungsstücke für gewöhnlich immer nur dann, wenn es nötig ist, wenn nichts Passendes mehr im Schrank hängt, weil »diese geheimnisvollen Kalorientierchen im Schrank heimlich alles enger genäht haben«.

Oder Mann kauft neue Kleidungsstücke, wenn sich das Klima abrupt wandelt und keine adäquate Schutzkleidung vorhanden ist.

Um aber den Horror des Klamottenkaufens möglichst gering zu halten, ist dieses für die meisten Männer eine regelrecht durchstrukturierte, ziel- und ergebnisorientierte Aktion von maximal 45 Minuten. In dieser Dreiviertelstunde sind die An- und Abfahrt zum und vom Textilanbieter, die Parkplatzsuche, sämtliche Fußwege sowie ein Zwischenstopp bei einem

Snackstand (um die geleerten Energiespeicher aufzuladen) inbegriffen.

Nach maximal 45 Minuten ist der Mann neu eingekleidet und wieder zu Hause. Wie schafft er das? Was genau geschieht in diesen 45 Minuten?

Der Mann verlässt sein Zuhause und ab da läuft die Zeit. Er steigt ins Auto und macht sich auf den Weg in die Stadt. Und was macht er da?

Der Mann wird nicht bummeln, sondern er steuert geradewegs auf den einen einzigen Textilanbieter zu, bei dem er vor fünf Jahren bereits einmal eine passende Hose bekommen hat.

Genau und nur dort wird sein Weg ihn hinführen. Männer mögen keine textilen Experimente und bleiben ihrem Laden treu. Mit dem Brustton der Überzeugung behaupten sie ihren Status als V. I. P.-Stammkunde: »Die kennen mich da«, selbst wenn das dort angestellte Personal seit seinem letzten Besuch vor einigen Jahren nahezu vollständig ausgetauscht wurde.

Er geht in diesen Laden hinein und wird auch dort nicht bummelnd schlendern, sondern sehr unmittelbar professionelle, weibliche Hilfe in Anspruch nehmen, indem er die erstbeste Textilfachverkäuferin ansteuert, ihr die dort vor einigen Jahren gekaufte Hose unter die Nase hält (als »Beispielexemplar«) und klar sein Einkaufsziel definiert: »So eine Hose hätte ich gern wieder, vielleicht ein bis zwei Nummern größer.«

Leicht überrascht wird die Verkäuferin die Augenbrauen heben, sich skeptischen Blickes der vorgehaltenen Hose widmen und dann entschuldigend erwidern: »Tut mir leid, so etwas haben wir seit vier Jahren nicht mehr im Angebot. Aber ich kann Ihnen etwas Ähnliches anbieten, wenn Sie Ihrem, na ja, *Stil* treu bleiben wollen.«

Weitsichtige Männer legen sich nicht nur eine Hose zu, sondern erwerben zusätzlich direkt auch ein paar Hemden, Socken und andere textile Verschleißteile. Männer kaufen deutlich weniger oft Kleidungsstücke als Frauen, dann aber gleich zielgerichtet auf Vorrat wesentlich mehr davon. So kann bei einigen Frauen leicht der fälschliche Eindruck entstehen, dass ein Mann viel Geld für Kleidung ausgibt, wenn er bei einem einzigen (dem einzigen) Einkauf mal eben einen erhöhten dreistelligen Betrag für eine neue Ausstattung hinlegt. Dabei ist zu bedenken, dass diese Grundausstattung oft nur alle paar Jahre grunderneuert wird. Frauen kaufen dagegen viel häufiger einzelne Kleidungsstücke und geben in der Summe in einem Jahr wesentlich mehr Geld für ihre Kleidung aus als Männer.

Wenn der Mann zur Hose noch das passende Hemd findet, dann kann es gut sein, dass er von exakt diesem Hemd gleich drei bis fünf Exemplare mitnimmt, dann hat er immer das passende Hemd vorrätig.

»Super! Geben Sie mir dieses Hemd am besten dreimal mit.«

Welche Frau kommt beim Anblick einer außerordentlich hübschen Sommerbluse auf die Idee, von dieser Bluse drei Stück zu kaufen?

Frauen bevorzugen abwechslungsreiche, vielfältige und facettenreiche Kleidung, die auch mal Spiegel ihrer Seele sein kann.

Männer bevorzugen passende, bequeme und wettergerechte Kleidung, die sie auch mal mehrere Tage hintereinander anziehen können.

So funktioniert Bummeloutsourcing!

Meine Herren, wenn das Thema *Kleidung und Mode* nicht Ihre ganz große Begeisterung findet und Sie auch keine Lust haben, hier durch mehrwöchige, berufsbegleitende Aufbauseminare die Grundlagen zu erlernen: Delegieren Sie diesen Bereich, den Sie nicht selbst optimal lösen können!

Überlassen Sie es, wenn Sie in einer Beziehung sind, Ihrer Partnerin. Frauen bummeln durchaus gern für den Mann an ihrer Seite, wenn sie ihn wirklich lieben und nicht möchten, dass er sich in der Öffentlichkeit blamiert. Lassen Sie uns diese Art des Bummelns für jemand anderen »Sekundärbummeln« nennen.

Wenn Sie Single sind, geben Sie einem qualifizierten Modeberater oder einem nicht so ganz heterosexuell orientierten Bekannten die Befugnis, mit Ihnen beratend bummeln zu gehen.

Die beiden großen Vorteile von Bummeloutsourcing und Sekundärbummeln liegen auf der Hand: Sie brauchen sich nicht mehr selbst darum zu kümmern, was Sie wann und wo kaufen, und Sie werden besser aussehen.

Kleider machen Leute, das gilt auch heute noch. Aber wie alles im Leben, so hat auch das Bummeloutsourcing einen Nachteil: Es wird nicht billiger. Im Gegenteil, Sie werden deutlich mehr Geld (und dies häufiger) als früher für Kleidungsstücke ausgeben müssen. Aber das sollten Sie investieren, denn das Ergebnis wird sich sehen lassen können!

In langfristig gut laufenden Beziehungen machen das die Partnerinnen/Frauen für ihre Männer. Diese Arbeitsteilung kann man sehr schön beobachten. Gehen Sie doch einfach einmal in die Herrenabteilung eines großen Kaufhauses oder zum Herrenausstatter – und schauen Sie sich dort um. Sie werden nicht selten Zeuge des folgenden Szenarios werden: Die Frau bummelt fröhlich mit der ihr ganz eigenen »Bummelenergie« vorneweg durch die Herrenabteilung, den anzukleidenden Mann im Schlepptau. Das Bild ähnelt übrigens sehr dem Bild, wenn die Frau für sich selbst bummelt, sie eilt strammen Schrittes voran, während der Mann eher schlurfend versucht, den Anschluss zu behalten. Obwohl es nun um die Bekleidung des Mannes geht, obwohl er die von ihr auserwählten Klamotten ab morgen zu tragen hat, scheint ihn der ganze Zirkus nicht wirklich zu interessieren. Spätestens daran erkennen wir, wie sehr es die meisten Männer interessiert, was sie vom Textil her am Leibe tragen.

Mann ergibt sich seinem Schicksal, obwohl er nicht wirklich einsieht, warum er sich schon wieder hier in der Herrenabteilung befindet, sie hat ihm hier doch erst vor einem halben Jahr neue Klamotten ausgesucht. Einige Männer teilen ihr Schicksal den anderen Männern, die ähnliche Probleme haben, mit, indem sie sich für ein kurzes Gespräch unter Gebeutelten hinter den Linien der Frauen zusammenfinden: »Sag mal, kriegst Du auch schon wieder ein neues Hemd?«

Währenddessen hält die Frau immer mal wieder kurz inne, greift nach einem Kleidungsstück, hält es kurz vor den leicht verblüfft aufschauenden Mann, schüttelt den Kopf, hängt es wieder weg und eilt weiter. Sie hat für sich ganz beiläufig schon die Option im Hinterkopf, ihrem Mann endlich auch einmal wieder einen neuen Anzug zu besorgen. Davon weiß der Mann naturgemäß noch nichts, damit er nicht bereits im Vorhinein Protest einlegen kann. Er braucht davon jetzt auch noch nicht zu erfahren, warum sollte er sich mit der Frage, ob und warum ein neuer Anzug vonnöten ist, auseinandersetzen? Er würde nur den generellen Ablauf behindern und Fragen stellen, deren Beantwortung einfach zu lange dauert.

Die Frau nimmt ein um den anderen Anzug von der Stange und visualisiert das italienische Schmuckstück an dem hinter ihr stehenden Mann, bis sie sich endlich für eine mögliche Anzugvariante entschieden hat. »Entschieden hat« heißt in diesem Zusammenhang, dass sie sich dafür entschieden hat, dass der Mann diesen Anzug nun in der Realität anprobieren soll, denn sie möchte nun sehen, wie der Anzug tatsächlich am Mann ihres Herzens aussieht, oder, besser gesagt, sie möchte sehen, ob der Anzug dazu in der Lage ist, die Wirkung des Mannes positiv zu verbessern. Das heißt aber keineswegs, dass die Frau bereits über den Kauf des Anzuges entschieden hätte.

Männer, die von ihren Frauen eingekleidet werden, müssen beim Herrenausstatter auf jeden Fall mehr als drei verschiedene Anzüge anprobieren, bevor auch nur ansatzweise an eine Kaufentscheidung gedacht werden kann.

Die Frau hebt den edlen Zweireiher noch einmal schwenkend vor den Mann und murmelt mehr zu sich als zu irgendwem sonst: »Das ist wirklich mal ein schicker, italienischer Anzug, sehr modern, ein wenig extravagant, aber sehr schick! Super!« Dann richtet sie ihren Blick aufmunternd auf das fragende Gesicht des Mannes vor sich: »Hier, Schatz, probier das doch eben mal an.«

Der Mann ergibt sich seinem Schicksal, nimmt den ihm angebotenen Anzug entgegen und schlurft in die Umkleidekabine.

Die Frau draußen vor der Kabine ist vor gespannter Erwartungshaltung bereits ganz aufgeregt. Wie wird ihr gleich gänzlich gewandelter Mann auf sie wirken? Wird er wie ein verheißungsvolles Geschenk aussehen, das moderne Männlichkeit mit einem leichten Schuss italienischem Machismo ausstrahlt? Oder wird der Anzug aus ihm einen erfolgreichen Lebemann machen, einen weitgereisten Philanthropen für den Hausgebrauch?

Der Mann indes schließt hinter dem Vorhang die Hose, knöpft das Hemd zu, zupft an den Hemdsärmeln unter dem Jackett und seufzt einmal mehr vernehmlich. Männer treten ein wenig anders aus der Umkleidekabine als Frauen. Nicht selten schiebt sich der Vorhang deutlich gemächlicher zur Seite und was dann im Anzug herauskommt, erinnert einige Frauen in der Art seiner leicht unbeholfenen Bewegungsabläufe doch stark an eine Figur aus der Augsburger Puppenkiste. Die Arme baumeln planlos herunter, die Schultern hängen nach vorn, denn die Last des italienischen Versprechens, das dieser Anzug zu geben vorgibt, bedrückt ihn.

Es ist nicht ganz der mannhafte Auftritt, den sich die Frau gewünscht hatte, nicht ganz der leidenschaftliche Latin Lover, den sie sich hier aus der Umkleidekabine herauszutreten erhofft hatte. Offensichtlich machen also Kleider doch nur begrenzt Leute.

Praxistipp: Kleidung für Männer

Erwarten Sie von einem Kleidungsstück niemals eine Wesensänderung. Da muss ich Ihre unausgesprochenen Hoffnungen leider enttäuschen. Kleidung kann nur <u>unterstreichen</u>, **herausheben** und *betonen*, was schon da ist. Wenn Sie bereits einen großartig männlichen und sportlich durchtrainierten Mann haben (oder einer sind), dann wird er im modischen italienischen Anzug noch deutlich unwiderstehlicher und vielleicht sogar ein wenig »bondesk«[9] daherkommen, denn er wird mit dem Anzug umgehen können, er wird wissen, wie Mann mit so etwas geht, steht und wirkt.

Aber genauso, wie nicht jede Frau in High Heels erotisch gehen, stehen, (liegen) und wirken kann (weil sie es vielleicht auch gar nicht möchte), genauso wenig kann ein Mann, der sich in einem extravaganten italienischen Anzug nicht zu Hause fühlt, ihn mit dem Flair eines Single-Urlaubs auf Sizilien ausfüllen. Da können Sie noch so viel Geld in den Anzug investieren, es wird nicht gelingen, wenn der Mann keine Spur von Italien, der nordamerikanischen Filmindustrie oder dem Charme eines französischen Bohemien in sich trägt. Dann würden Sie den Mann lediglich verkleiden und zwar im wortwörtlichen Sinne.

Nehmen Sie Ihren Mann so an, wie er ist, und kleiden Sie ihn dazu passend auf leicht gehobenem Niveau, sodass er sich selbst noch darin wiederfindet.

Für die textile Vorbereitung zum TAGESABSCHLUSS bedenken Sie bitte, meine Herren, dass Sie die Sachen, die Sie tragen, charakterlich auszufüllen in der Lage sein müssen. Kleiden Sie sich also durchaus Ihrem Typ entsprechend, aber dort auf höchstem Niveau! Warum? Nun, noch einmal zur Erinnerung: Frauen leben für Kleider und folglich gehört es zu ihrer Natur, von der Kleidung ausgehend Rückschlüsse über die Person zu ziehen, die damit vor ihnen steht. Das gilt umso stärker, wenn Sie sich ihr als TAGESABSCHLUSSGFÄHRTE empfehlen möchten. Der erste Eindruck wird stets positiv sein, wenn Sie als Mann gut gekleidet und gepflegt sind. Und auch hier möchte ich es noch einmal betonen / möchte ich Ihnen noch einmal dringend anraten: Wenn Sie in diesem Bereich nicht sonderlich kompetent und überaus erfahren sind, dann lassen

---

9 James Bond und seine Art, sich zu kleiden, gilt von Beginn an als männlicher Richtwert, was Stil, Eleganz und Maskulinität anbelangt. Das heißt nicht, dass Sie sich kleiden sollten wie James Bond, wenn Sie sonst nicht auch nahe am Original sind, denn dann wirkt es lächerlich, aber Sie können sich an James Bond als Richtwert für Ihre ganz eigene Männlichkeit orientieren.

Sie sich helfen! Fragen Sie einen homosexuellen Bekannten, ob er für Sie »sekundärbummelt« oder nehmen Sie die Fachkompetenz eines ausgewiesenen, italienischen Herrenausstatters in Anspruch.

Gute Kleidung suggeriert den Frauen zusätzlich folgende positive Eigenschaften:

»Offensichtlich ist dieser Mann wohlhabend, sauber, gebildet, manierlich und wahrscheinlich kein Serienmörder!« (auch wenn Letzteres im Einzelfall eine tragisch falsche Schlussfolgerung darstellen kann …)

Wenn Sie sich nun also um Ihren visuellen Eindruck gekümmert und eine passende Location gefunden haben, kommt auch schon Ihr großer Auftritt: Sie betreten den Club, die Diskothek oder eben den Laden, den Sie heute Abend für garantiert erhöhte Anwesenheit von tagesabschlussbereiten Frauen auserwählt haben.

Betreten Sie die Spielfläche – Blicke sagen mehr als Worte

Die Türsteher nicken stumm, als Peter mit seinem nagelneuen Maßanzug forsch an der langen Warteschlange draußen vor dem Club vorbeischreitet. »Prima«, denkt er sich, »relax, you are dressed!«[10], und er mustert kurz schmunzelnd die Männer, die in der Schlange warten müssen, weil sie nur in einem unauffälligen, langweiligen Standardoutfit gekommen sind. Bis nach draußen wummern die tiefen, rhythmischen Bässe und verheißen bereits ein Fest der Sinne. Freundlich nickt er den Jungs zu, die ihm die Flügeltüren zur derzeit vielversprechendsten Diskothek aufhal-

---

10 Werbezitat eines großen europäischen Modeherstellers.

ten. Künstlicher Nebel wabert bodenbedeckend aus dem Raum um seine italienischen Schuhe, als er den Vorhof zum Himmel betritt. Peter macht noch zwei Schritte in den Raum hinein, bleibt kurz stehen und sieht sich in aller Ruhe drinnen um. Links von ihm erspäht er den Lounge-Bereich, eine kleine, sehr stylisch eingerichtete Zone, die mit edelstahlummanteltem, offenem Ethanol-Kamin, mehreren großzügigen, schwarzen Ledersofas und Glastischen so früh am Abend noch ziemlich verwaist auf Pärchen und TAGESABSCHLUSSGFÄHRTEN wartet. In zwei bis drei Stunden sieht das hier anders aus, weiß Peter und ist froh, früh am Abend in der ersten Welle den Club aufgesucht zu haben. »Mehr Zeit, mehr Auswahl, mehr Spaß!«, schmunzelt er und wendet seinen Blick von links nach vorn zur Getränketheke, die fast die gesamte Längsseite des Clubs einnimmt. Dort stehen bereits zahlreiche Männer und einige wirklich überaus ansehnliche Frauen, die sich nun ihrerseits zu ihm umdrehen und ihn mit kurzen Blicken mustern. Peter kann die Blicke auf seiner Haut spüren. »Lass sie gucken«, ermahnt er sich im Stillen und steuert sein Blickfeld schließlich nach rechts zur Tanzfläche mit dem dahinterliegenden, erhöhten DJ-Pult. Nur drei bereits angetrunkene Männer hampeln ziemlich arrhythmisch und wild mit ihren Bierflaschen gestikulierend auf der ansonsten noch leeren Tanzfläche herum. »Keine Konkurrenz«, stellt Peter zufrieden fest und geht nun zielbewusst in Richtung Theke. Dabei schaut er sich die dort versammelten Frauen etwas genauer an und freut sich über eine schlanke Schönheit mit langen blonden Haaren, die ihn durch ihr Martini-Glas hindurch mustert. Peter blickt sie an und lächelt ein ganz klein wenig. Kontakt! Die Frau lächelt irgendwie entschuldigend zurück, hakt sich bei dem Mann neben ihr unter und geht mit ihm auf die Tanzfläche. »Okay, ich wünsche Dir auch einen schönen Abend«, murmelt Peter und vermerkt sich für diese Frau ein gedankliches »Belegt!«-Schildchen.

Er lehnt sich lässig an die neonbestrahlte Theke des Clubs und bestellt: »Ein Glas Wasser, bitte.«

Die brünette Bedienung mit dem eng anliegenden Trägershirt hebt fragend beide Augenbrauen, mustert Peter schmunzelnd, beugt sich leicht zu ihm vor und fragt: »Mit oder ohne Blasen? Wie hätte der Herr es denn gern?« – Peter wird es augenblicklich sehr warm, er räuspert sich, fängt sich dann aber sofort wieder, als er erwidert: »Mit bitte, wenn es keine Umstände macht. Das prickelt immer so schön.«

Jetzt sind Sie also schon mal gut gekleidet, frisch rasiert und ganz leicht beduftet auf einer Festivität mit lauter Musik. Prima, das sind gute Voraussetzungen. Bleiben Sie nun bitte kurz am Eingang stehen und lassen, wie Peter es prima vorgemacht hat, mit offenem Blick Ihre Augen durch den Raum schweifen. Sie haben ja ein gesundes Selbstwertgefühl und da macht es sich gut, wenn Sie kurz stehen bleiben und die Damen einen Moment lang sehen können, welcher Adonis da neu auf der Bildfläche erschienen ist.

Präsentieren Sie sich nicht wie ein Pfau, aber geben Sie den potenziell anwesenden TAGESABSCHLUSSGE-FÄHRTINNEN etwas Zeit, sich einen ersten Eindruck von Ihnen zu machen, und schlurfen Sie nicht schüchtern in eine dunkle Ecke.

Frauen in voller Blüte wollen sehen, welche Männer sich mit ihnen im selben Raum aufhalten, geben Sie diesen Frauen Gelegenheit dazu.

Frau erblickt Mann – die assoziierte Zukunft

Wenn eine Frau einen Mann zum ersten Mal erblickt, er ihr peripheres Sichtfeld betritt, egal in welcher Situation, dann kann die Frau sehr schnell, innerhalb von Millisekunden, eine grundsätzliche äußere Einschätzung des Mannes vornehmen. Ihr Blick wandert leicht und kaum wahrnehmbar zu dem Mann hin, der ihre Aufmerksamkeit erregt hat, und mit katzenhafter Schnelligkeit gleitet ihr Blick vom Kopf des Mannes abwärts bis zu den Schuhen und wieder hinauf bis zu seinen Augen. Die Frau mustert den Mann kurz, aber gründlich, sie »scannt« ihn ab. Hierbei wird sie sämtliche bisher besprochenen Äußer-

Wir besorgen jedes Buch für Sie!

■ Bücher
■ *Bildbände*
■ *Reiseführer*
■ Karten
■ Videos

Buchhandlung
Diekmann

Am Markt 2 · 49413 Dinklage
Tel. 04443-961864

info@diekmann-buchhandlung.de

Buchhandlung
Diekmann

zu lesen versteht, besitzt
Schlüssel zu großen Taten.
Aldous Huxley

lichkeiten registrieren und Punkte für positive und negative Aspekte verteilen. Der Mann wird davon in dieser Phase noch nichts bemerken, soll er auch noch nicht.

Wie ist es um sein Haupthaar bestellt? Was hat er für Augen, wie ist seine Nase, der Mund? Wie kleidet sich der Mann, welchem Typ entspricht er? Ist er gepflegt? Wie sehen seine Schuhe aus? Passt der Gürtel dazu? Frauen achten nicht nur bei sich und ihren Freundinnen auf die Schuhe, sondern durchaus auch auf die Schuhe des Mannes. Das ist ein wertvoller Hinweis für diejenigen Männer, die ihren Schuhen bisher eher wenig Beachtung geschenkt haben.

Die Frau kann bereits an dieser Stelle für sich die Frage beantworten, ob dieser Mann halbwegs so aussieht, dass sie ihn im Falle einer zunächst rein hypothetischen, eventuellen Annahme einer Möglichkeit im Hinblick auf einen TAGES-ABSCHLUSS – oder sogar weit darüber hinaus, in einer Beziehung – mit vor die Tür (oder dahinter) nehmen könnte, ohne sich mit ihm zu blamieren.

Frauen können sehr schnell, rein hypothetisch, die Zukunft assoziieren.

Sie visualisieren den Mann in ihre Zukunftsoption hinein und können sehen, wie sie zusammen mit ihm aussehen würden, was für Frauen nicht unwichtig ist.

Mann erblickt Frau – der Augenblick

Wenn ein Mann zum ersten Mal eine Frau erblickt, dann wird er keinesfalls in oder an eine wie auch immer geartete Zukunft über den TAGESABSCHLUSS hinaus denken. In dem Moment, in dem ihm eine Frau ins Auge fällt, ist er schlagartig und absolut ausschließlich im Hier und Jetzt, in der gerade laufenden Gegenwart präsent. Auch der Mann sieht sich die Frau mit gesteigertem Interesse an, meist geschieht dies aber deutlich weniger dezent als auf Seiten der Frauen. Männer können sich an einer attraktiven Frau auch schon mal feststarren, ohne dass ihnen die Aufdringlichkeit ihres Tuns bewusst werden würde. Sollte dem so sein, so ist das in den meisten Fällen aber bereits ein Ausschlusskriterium seitens der Frau. Achten Sie, meine Herren, also bitte beim ersten Blickkontakt darauf, dass Sie sich nicht an der Frau feststarren.

Männer interessieren sich bei einem ersten Blickkontakt nicht für die Zukunft, maximal für die Zukunft der nächsten zwei bis fünf Stunden im Hinblick auf den TAGES- ABSCHLUSS, alles andere ist irrelevant und stört nur den Augenblick.

Wenn der Mann halbwegs passabel aussieht und die Frau gegenwärtig keinerlei partnerschaftliche Verpflichtungen hat und sie offen für eine neue männliche Bekanntschaft oder einen TAGESABSCHLUSSGEFÄHRTEN ist, dann schaut sie wahrscheinlich etwas genauer hin und beobachtet den Mann noch etwas detaillierter, was für Sie, meine Herren, nun wieder das Signal ist, aktiv den Raum zu betreten.

Die Damen haben Sie bemerkt, jetzt wollen diejenigen, die Sie auf diesen ersten Blick attraktiv oder interessant finden, auch sehen, wie Sie gehen und was Sie tun. Bewegen Sie sich also, aber fangen Sie bitte nicht an zu tanzen! Das wäre ein wenig verfrüht. Durchqueren Sie gelassen den Raum, aber setzen Sie sich auf gar keinen Fall irgendwo hin! Sie müssen mobil bleiben, um später auf eine interessierte Frau zugehen zu können. Sobald Sie sitzen, erschwert das die nächsten Stufen ungemein. Sie können einerseits so tun, als würden Sie durch den Raum gehen und Ihre Freunde suchen, so präsentieren Sie sich allen anwesenden Damen einmal kurz und können Ihrerseits schon mal gut schauen, welche Frauen Ihnen gefallen. Da Ihre Freunde (die natürlich heute nicht kommen werden) wohl leider noch nicht da sind, gehen Sie locker zur Theke und bestellen sich ein **alkoholfreies** Getränk.

Das ist für zweierlei Dinge gut …

1. Indem Sie ein Getränk ohne Alkohol bestellen, signalisieren Sie, dass Sie ein gesundes Selbstwertgefühl haben und sich nicht erst Mut antrinken müssen und dass Sie bei klarem Verstand bleiben möchten. Erwachsene Frauen, die auf der Suche nach einem TAGESABSCHLUSSGEFÄHRTEN sind, mögen das. Denn ein Mann mit mehr als 0,3 Promille im Blut taugt kaum als TAGESABSCHLUSSGEFÄHRTE.

Sie sehen also, dass Alkohol bei diesem Spiel zwar nicht verboten ist, Ihre Chancen aber niemals steigern wird, sondern eher verschlechtern kann. Für das, was wir hier vorhaben, braucht es keinen Alkohol!

Wenn Sie, meine Herren, Ihre Biernebenhöhle[11] im Hinblick auf die anvisierte Kommunikation in Stufe 3 füllen möchten, dann genießen Sie bestenfalls ein alkoholfreies Bier, welches in Bezug auf Ihre Bieranhangsdrüse und Ihr Sprachzentrum natürlich Wunder wirken kann.

2. Ohne alkoholische Getränke bleibt Ihr Atem länger frisch, was später noch wichtig werden wird.

Wenn Sie richtig cool sein wollen, dann bestellen Sie ein Glas kalte Vollmilch (»ohne Eis, keine H-Milch, 1,5 Prozent Fettanteil«). Es kann sein, dass Sie dann schon die erweiterte Aufmerksamkeit einiger Damen auf sich ziehen, denn ich garantiere Ihnen, dass Sie damit der Einzige auf der Party sind, es sei denn, Sie treffen dort auf andere Leser dieses Buches. Genießen Sie die Milch wie der Typ aus der Bierwerbung das eiskalte Bier. Sie zeigen so Ihr charmantes Selbstbewusstsein und Ihren Humor, beides kommt gut an, glauben Sie mir.

---

11 Alles über die Biernebenhöhle des Mannes (lat. Cerevisia larynx sinus) erfahren Sie im ersten Buch von Carsten Höfer: FRAUENVERSTEHER – Das Buch für alle, die entweder ein Mann oder eine Frau sind. Südwest Verlag 2012. Seite 88 ff. Auch dort wurde klargestellt, dass es nicht der Alkohol ist, der das Sprachzentrum des Mannes durcheinanderbringt, sondern die dem Bier innewohnende, einzigartige Nährstoffkombination.

Raucher aufgepasst!

Wenn Sie Raucher sind, dann verzichten Sie bei den 7 goldenen Stufen zum perfekten TAGESABSCHLUSS unbedingt darauf. Ein rauchender Mann signalisiert nahezu allen Frauen gleich eine Fülle negativer Signale. Insbesondere zum TAGESABSCHLUSS wirkt ein rauchender Mann unpassend, weil er:

1. unangenehme Gerüche aus dem Mund absondert und mindestens ebenso unangenehme Gerüche auf die Frau übertragen kann.
2. bei den meisten Frauen als schwächlich gilt, da er einem gesundheitsschädigendem Laster verfallen ist und offenbar über keinerlei Selbstdisziplin verfügt.
3. fast immer einen farblich und gesundheitlich wesentlich schlechteren Zahnzustand hat als ein Nichtraucher.

Jetzt beobachten Sie die anwesenden Damen etwas genauer. Dabei dürfen Sie jetzt ruhig auch auswählen, welche Frauen Ihnen gefallen. Sobald Sie eine der Damen attraktiv finden, schauen Sie von Ihrem Standpunkt an der Bar zu ihr hinüber und lächeln freundlich und unverbindlich.

Wichtig: Grinsen Sie nicht, seien Sie einfach freundlich und zeigen Sie ein unverfängliches Lächeln in Richtung der Dame und wenden Sie den Blick nicht sofort wieder ab.

Schauen Sie in ihre Augen und warten Sie ab, wie sie reagiert. Wenn die Angelächelte ohne erkennbare Reaktion schnell wegschaut oder sich erkennbar ablehnend verhält, dann haben Sie ein erstes »Nein« erhalten. Das nehmen Sie bitte respektvoll zur Kenntnis und versuchen nicht weiter, um diese Frau zu werben, sonst sind Sie ganz schnell auf der Seite der nervigen Anmacher, was wir auf jeden Fall vermeiden wollen.

Lassen Sie diese Frau in Ruhe. Sie werden hier in Stufe 2 wahrscheinlich einige »Neins« bekommen, aber da Sie ja ein starkes Selbstbewusstsein haben, können Sie die Sache so betrachten: »Wahrscheinlich brauche ich ungefähr zehn *Neins*, bevor ich ein visuelles *Ja* zur weiteren Kontaktaufnahme bekomme, also ist es gut, wenn ich schon sechs *Neins* bekommen habe, dann brauche ich nur noch vier *Neins*, bevor ich ein *Ja* bekomme.«

Wenn Sie die ersten zwei Stufen gut vorbereitet haben, werden Sie irgendwann eine Frau anlächeln, die vielleicht nur kurz zurücklächelt, was schon mal gut ist. Das ist noch kein eindeutiges »Ja«, aber immerhin ein »Vielleicht«.

Jetzt warten Sie ein wenig ab, nehmen noch einmal einen Schluck Vollmilch und lächeln abermals in Richtung der Frau. Wenn Sie ein zweites und drittes Lächeln erwidert bekommen, dann haben Sie ihr »Ja zu Stufe 3«, denn die Frau hat Ihnen damit quasi zu verstehen gegeben: »Komm doch mal rüber, Mann!«[12]

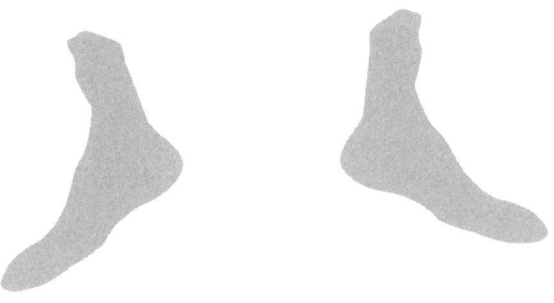

---

12 In Anlehnung an den Hit »Mädchen« der Popgruppe Lucilectric von 1994.

Die Blicke einer Frau deuten

Für gewöhnlich lassen sich die Blicke einer Frau in folgender Reihenfolge erläutern:

1. **Sie werden mit Blicken gemustert**, wenn Sie die Spielfläche betreten, da wird es noch keinen gegenseitigen Augenkontakt geben, aber die Frauen denken so etwas wie: »Was ist das für ein Typ, der da neu den Laden betreten hat, mal abchecken.«
2. **Der erste gegenseitige Augenkontakt** passiert nur dann, wenn die Frau im ersten Blickkontakt der Meinung war, dass Sie gut angezogen und gepflegt sind. Der erste Augenkontakt heißt im Prinzip: »Jetzt möchte ich Deine Augen ansehen, sie verraten mir sehr viel über Dich und Deinen Charakter, Dein Selbstbewusstsein und Deinen Charme. So bilde ich mir eine erste Meinung, die über das rein Äußerliche hinausgeht.«
3. **Der zweite Augenkontakt mit unverbindlichem Lächeln** kommt nur dann, wenn der erste Augenkontakt für die Frau eine Verstärkung des positiven ersten äußeren Eindrucks war. Die Frau denkt hierbei so etwas wie: »Nun gut, mal schauen, wie Du Dich weiter beträgst. Wie ist Dein Lächeln? Was tust Du? Vielleicht darfst Du mich gleich ansprechen.«
4. **Der dritte Augenkontakt mit einladendem Lächeln** ist dann die offizielle Einladung, zu ihr herüberzukommen und sie anzusprechen!

Also los: Bewegen Sie sich, gehen Sie zu der Frau hin und starten Sie mit Konversation!

Stufe 3 zum perfekten TAGESABSCHLUSS: Der erste verbale Kontakt – Komplimente oder nicht?

Peter nickt der leicht frivolen Thekendame dankbar zu, als er sein Mineralwasser bekommt, und schaut sich nun abermals neu im Raum um. Eine Gruppe von fünf Frauen, alle ungefähr zwischen 32 und 40 Jahren, steht in einigen Metern Entfernung lachend neben der Tanzfläche. Die Damen bilden ein recht typisches Gespann von besten Freundinnen, die einen lustigen Frauenabend haben. Eine der Damen weckt Peters Interesse und er betrachtet sie genauer. Lange, leicht gewellte, dunkelbraune Haare, tiefbraune Mandelaugen und ein Lachen, das Lebensfreude pur ausstrahlt. Sie bemerkt seine Blicke und schaut zurück, wendet sich aber scheinbar ohne Reaktion wieder ihren Freundinnen zu. Peter nimmt einen Schluck Mineralwasser, schweift weiter durch den Raum und bemerkt aus dem Augenwinkel, dass sie ihn jetzt abermals ansieht und ihn genauer mustert. Peter nimmt das zum Anlass, sie ebenfalls erneut anzuschauen, diesmal blickt er ihr direkt in die Augen. Nur ganz kurz, für wenige Millisekunden treffen sich ihre Blicke, bis die Frau sich wieder lachend ihren Begleiterinnen zuwendet. Peter weiß, dass es schon ganz gut läuft. »Erster positiver Augenkontakt und sie ist nicht abgeneigt«, denkt er zufrieden und gibt der Frau noch einen weiteren Moment Zeit, ihn erneut zu mustern. Die fünf Freundinnen machen Anstalten, gemeinsam auf die Damentoilette zu gehen, das erschließt sich Peter aus den kichernden Gesten. Die Frau, die ihn begutachtet hat, kramt (unter einem Vorwand, wie Peter freudig zur Kenntnis nimmt) in ihrer Handtasche und Peter meint, so etwas wie »Geht Ihr schon mal vor« von ihren wohlgeformten Lippen ablesen zu können. Er lächelt sie an, sie lächelt zurück, Peter macht ein paar Schritte vorwärts und geht auf die Frau zu. Die Frau hält beim Kramen in der Handtasche inne und beobachtet ihn, während er sich ihr nähert.

»Hallo«, sagt Peter und hält einfach freundlich lächelnd ihrem Blick stand.

»Hallo«, erwidert sie.

»Ich habe zwar meine Handtasche nicht dabei, aber vielleicht kann ich Ihnen ja doch helfen? Was suchen Sie denn?«, eröffnet Peter das Gespräch herausfordernd.

»Ich, ähm, ich wollte nur nachsehen, ob ich auch mein Portemonnaie dabei habe. Nicht, dass ich nachher meine Getränke nicht bezahlen kann«, bringt sie gespielt nervös hervor.

Peter erfasst mit einem Seitenblick, dass sie ein fast leeres Glas Cola neben sich stehen hat (mit oder ohne Wodka? Cola light oder zero?).

»Was möchten Sie denn trinken?«

»Ähm, was trinken Sie denn?«

»Sprudelwasser!«, sagt Peter mit deutlicher Betonung, als ob es sich um den Drink des Monats handeln würde, hebt sein Glas ein wenig hoch und muss lachen, als er sich an die Bedienung hinter der Theke erinnert.

»Sprudelwasser? Wow! Davon könnte ich jetzt auch einen Schluck vertragen, ich habe irgendwie so richtig Durst, ist so warm hier drin, oder?«

»Ja, das stimmt. Kommen Sie, ich lade Sie auf ein Glas Sprudelwasser ein.«

»Vielen Dank, ich hoffe, das ruiniert Sie nicht?«, fragt sie kokett lächelnd.

»Ich kann hier anschreiben lassen«, schmunzelt Peter zurück.

Gemeinsam schlendern sie zur Theke, wobei Peter darauf achtet, dass er sie genau ans andere Ende der Theke geleitet, wo ein junger Student die Getränke ausschenkt.

Wenn in Sachen Location und Outfit die Weichen richtig gestellt sind, kann die nächste goldene Stufe erklommen werden: Nummer drei? Die potenziellen TAGESABSCHLUSSGEFÄHRTEN haben bereits Blickkontakt zueinander aufgenommen und der Mann muss sich dafür bereit machen, mit der Frau zu reden. Aber was sollen bloß die ersten Worte sein? Vorsicht: Hier lauern einige Hürden und No Gos!

Wenn die Frau Ihnen bereits nonverbal mitgeteilt hat, dass Sie sie ansprechen dürfen, **müssen** Sie handeln und aktiv werden, Sie dürfen jetzt zu der Frau hingehen, das sollten Sie sogar. Warten Sie jetzt kein viertes oder fünftes Lächeln ab, denn das wirkt unentschlossen und ermüdet viele Frauen ganz schnell wieder!

Sie wurden durch Blicke eingeladen, also nehmen Sie die Einladung auch an!

Der Zeitpunkt ist hier wirklich von überragender Bedeutung. Je länger Sie jetzt noch zögern, umso rasanter werden sich Ihre Chancen wieder verschlechtern, was doch schade wäre, wo Sie bis hierher alles richtig gemacht haben, oder?

Wenn Sie noch ein viertes Lächeln abwarten, dann wird das wahrscheinlich schon das letzte Lächeln sein, das Sie bekommen, denn die Frau wird dann schon denken: »Was ist los? Gefalle ich Dir doch nicht oder bist Du zu schüchtern, um eine Frau anzusprechen?«

Wenn sie ganz viel Geduld mit Ihnen hat oder Sie einen besonders schmackhaften ersten Eindruck hinterlassen haben, dann bekommen Sie möglicherweise noch ein fünftes Lächeln, aber wenn Sie dann nicht reagieren und immer noch nicht zu ihr hingehen, fallen Ihre Aktien schnell ins Bodenlose, die Frau wird denken: »Was für ein Looser! Schicke Fassade, aber nichts dahinter, ich werde gleich mal mit meinen Freundinnen über ihn ablästern.«

Wenn Sie dreimal von der Frau angelächelt wurden und Sie bleiben mit der Milch an der Bar stehen und trauen sich nicht, sie anzusprechen, dann fehlt Ihnen wohl doch noch das nötige Selbstvertrauen. Die Milch wirkt dann nicht selbstbewusst, sondern nur schuljungenhaft. Verlassen Sie die Bar und absolvieren Sie noch ein paar Marathonläufe und Triathlon-Veranstaltungen, bevor Sie hierher zurückkehren.

Aber Sie haben doch inzwischen das nötige Selbstvertrauen, oder? Also gehen Sie ruhig lächelnd mit der Milch in der Hand auf die Frau zu und sprechen Sie sie an.

Die Frau erwartet jetzt noch nicht das große Gespräch über Gott, die Welt und Philosophie im Allgemeinen. Guter, ungezwungener und der Situation angemessener Small Talk mit einer Prise Charme und Humor reichen ihr vollkommen aus. Die Frau möchte zunächst lediglich erfahren, ob sich der optisch anschauliche Mann auch halbwegs zu artikulieren vermag, ob sie sich einigermaßen gut mit ihm unterhalten kann. Sie möchte den Klang seiner (Ihrer) Stimme in ihrem Ohr testen.

Zu hoch sollte die Stimme des Mannes nicht sein.

Zu tief und zu männlich sollte die Stimme auch nicht sein, sonst muss sie bei ihm immer an diese dämlichen Bierwerbungen aus dem Fernsehen denken, was gesteigerten Harndrang zur Folge haben könnte.

Wenn der Mann eine für sie angenehme Stimme hat und die Intonation seiner Äußerungen weder zu zaghaft noch zu machohaft daherkommt, dann horcht die Frau selbstverständlich genauer auf den Inhalt seiner wortakustisch hervorgebrachten Veräußerungen.

Spult er Sprüche ab? Redet er überwiegend über sich selbst? Das würde seine Chancen ebenfalls wieder deutlich nach unten reduzieren.

Interessiert er sich für sie? Ist er höflich, ohne aufdringlich zu sein, oder wird er anzüglich? All das sind Fragen, welche die Frau für sich in einem kurzen Gespräch mit dem Mann beantworten wird.

Der erste verbale Kontakt mit einer Frau stellt für viele Männer immer noch eine große Hürde dar, wird doch auch heutzutage weiterhin überwiegend vom Manne der aktive Part erwartet. Er soll bitteschön mit ersten Worten die Konversation eröffnen. Aber was soll er sagen, ohne sich zu blamieren? Was soll er sagen, um nicht den ersten positiven Eindruck seines äußeren Erscheinungsbildes zu zerstören? Was könnte er sagen, um ein lockeres Gespräch zu eröffnen? Über diese Fragen ließe sich ein eigenes Buch (oder gleich mehrere) schreiben. Aber keine Panik, an dieser Stelle kann ich Ihnen in aller Kürze das Allerwichtigste leicht anwendbar mit an die Hand geben:

LANGWEILEN SIE DIE DAME NICHT, machen Sie es »anders«, überraschen Sie sie und seien Sie nicht plump! Bringen Sie keine hohlen Sprüche. Seien Sie einfallsreich, humorvoll und machen Sie sich interessant!

Sie haben jetzt Fragezeichen im Kopf und wissen nicht, was genau damit gemeint ist? Sie brauchen noch konkretere Tipps, wie Sie das anstellen sollen? Dann beherzigen Sie, liebe Männer unter meinen Lesern, zunächst den folgenden Praxistipp, um die häufigsten und schlimmsten Fehler bei männlicher Gesprächseröffnung zu vermeiden.

Was Mann bei den ersten Worten an eine Frau unbedingt vermeiden sollte

Stellen Sie in der Gesprächseröffnungsphase niemals Fragen, die die Frau mit »Ja« oder »Nein!« beantworten könnte. Die folgenden, geschlossenen Fragen sollten Sie also bitte unbedingt vermeiden:

»Möchten Sie noch etwas trinken?«

Es gibt Männer, die das sogar fragen, obwohl das Glas der Frau noch mindestens zu ⅔ mit einem Getränk gefüllt ist. Peinlich! Nur dann, wenn Sie klar sehen, dass die Frau nichts mehr oder nur noch sehr wenig zu trinken hat, sollten Sie mit einer Getränkefrage starten. Dann stellen Sie ihr aber unbedingt eine offene Frage. Zum Beispiel: »**Was** möchten Sie noch trinken?« (So wie es Peter ja richtig vorgemacht hat.) Oder fragen Sie: »Auf welches Getränk haben Sie Lust?« oder Ähnliches. Das wären dann Fragen, die nicht so einfach mit »Ja« oder »Nein« beantwortet werden und die ein Gespräch eröffnen könnten.

»Sind Sie alleine hier?«
Serienmörder fragen so etwas, da schrillen bei der Frau wirklich sämtliche Alarmglocken.

»Kennen wir uns nicht von irgendwoher?«
Das ist so ziemlich der älteste Spruch überhaupt und er löst bei Frauen nahezu sofort ein Gähnen aus. Der Spruch ist sogar in zweierlei Hinsicht ungeschickt. Denn wenn Sie die Frau nicht kennen, was ja wahrscheinlich ist, dann wird sie bestenfalls kurz überlegen und dann sagen: »Nein, ich kann mich nicht an Dein Gesicht erinnern und selbst wenn wir uns schon einmal begegnet wären, hast Du keinen Eindruck hinterlassen. Das wird sich jetzt auch nicht ändern.«

Wenn Sie die Frau tatsächlich schon von irgendwoher kennen, ist der Spruch nicht besser. Denn während Sie offensichtlich nicht so ganz wissen, **woher** Sie die Frau kennen (»von irgendwoher?«), wird die Frau mit großer Wahrscheinlichkeit sehr wohl wissen, woher Sie sie kennen. Dann ist es also lediglich ein Zeichen Ihrer geistigen Inkontinenz, wenn Sie nicht wissen, woher Sie sie kennen. Es könnte sein, dass die Frau dann zum Beispiel sagt: »Natürlich kennen wir uns! Ich bin Deine Chefin und du bist gefeuert!«

»Darf ich Sie zu XY einladen?«
Die Gefahr, dass Sie bei geschlossenen Fragen ein »Nein!« bekommen und das Gespräch damit sofort beendet ist, liegt naturgemäß bei 50 Prozent. Geschlossene Fragen, die mit »Darf ich …« beginnen, sollten Sie noch mehr meiden, denn die Eröffnung mit »Darf ich …« macht einer Frau nicht selten geradezu Lust auf ein »Nein«, einfach nur, um Ihre Schlagfertigkeit als Mann zu testen. Dieses Nein wäre ebenfalls ein Flirt ausschließendes und beendendes Nein und würde Sie von Stufe 3 direkt wieder zurück auf Stufe 2 befördern.

Selbst wenn Sie auf eine geschlossene Frage ein »Ja« bekommen, ist der Einstieg damit ungeschickt, denn auch das behindert den Gesprächsfluss direkt zu Anfang, das Ganze wirkt schnell holprig, unbeholfen und gestelzt. Schade, bis hierher hat es doch schon gut mit dem Blickkontakt geklappt, also vermasseln Sie es jetzt nicht!

Das heißt naturgemäß auch, dass Sie niemals, wirklich **niemals** Anmachsprüche auswendig lernen dürfen, denn Frauen kennen bereits all diese Sprüche länger als Sie. Wenn Sie damit anfangen, ist alles vorbei, was Sie eventuell zuvor beim ersten Blickkontakt vorbereitet und aufgebaut haben, dann sind Sie abermals raus.

Am besten ist es, wenn Sie zu Beginn Dinge, Ereignisse und Personen zum Thema machen, die direkt mit der Situation zu tun haben, in der Sie sich gerade beide befinden.

Ganz zu Anfang brauchen Sie einen Eisbrecher.

Sie machen Small Talk im besten Sinne! Reden Sie über den Barkeeper, der so lange braucht. Schütteln Sie den Kopf über den Typen, der jemanden angerempelt hat. Sprechen Sie über den DJ, die Musik im Raum, über irgendetwas, was gerade jetzt ist. Damit es da nicht zu belanglos bleibt, sollten Sie dann flott dazu übergehen, die Frau vor Ihnen zum Thema zu machen. Stellen Sie ihr Fragen und interessieren Sie sich für die Frau.

Probieren Sie es zum Beispiel, wenn die ersten Sätze Small Talk schon ganz gut und lustig angelaufen sind, einfach mal situationsabhängig mit einer persönlich abgewandelten Variation von:

»Sie sind witzig – geistreich und witzig. Haben Sie das geerbt oder irgendwo gelernt?«

Jetzt kopieren Sie diesen Satz bitte nicht in Ihr Repertoire, denn dann hätten Sie ja schon wieder einfach etwas auswendig gelernt, Sie müssen da natürlich schon selbst etwas finden, was zu Ihnen und vor allen Dingen zu der Frau und der Situation passt. Das sollte bestenfalls jedes Mal etwas Anderes, Individuelles, Situatives sein.

Natürlich dürfen Sie der Frau auch ein Kompliment machen, wenn es auf die Frau zutrifft, ehrlich gemeint und nicht zu übertrieben ist. Sie sollten also einer sitzenden Frau keine voreiligen Komplimente über ihre unglaublich langen Beine machen. Warum nicht? Nun, wenn sie später aufsteht und keine 160 Zentimeter misst, dann wissen Sie, was ich meine.

Zu offensichtlich und nur auf Äußerlichkeiten abzielend sollte das Kompliment auch nicht sein. Sagen Sie einer Frau mit wunderschönen langen, blonden Haaren nicht einfach nur: »Sie haben schöne lange, blonde Haare«, das weiß die Frau nämlich schon (es gibt Spiegel!) und sie hört das ständig. Anerkennen Sie lieber innere Merkmale und Charaktereigenschaften der Frau. Machen Sie ein Kompliment über ihren Humor, ihre Intelligenz, ihre Eloquenz, ihre Stimme, ihre Sensibilität, ihre Sprachgewandtheit oder andere eher »innere« Werte, die Ihnen bei der Frau positiv auffallen.

Wenn Sie Probleme damit haben, einer Frau ehrliche Komplimente zu machen, ohne zu übertreiben oder zu ironisieren, fragen Sie sich doch einmal, warum Ihnen das schwerfällt. Wie reagieren Sie denn, wenn Sie ein Kompliment bekommen? Können Sie das gut annehmen? Haben Sie ein gesundes Selbstwertgefühl? Das hängt alles miteinander zusammen.

Wenn Sie also ein passendes Kompliment gemacht haben, dann legen Sie bitte eine ganz kurze Pause ein (nicht länger als ein bis maximal zwei Sekunden!), schauen der Frau freundlich lächelnd (nicht grinsend oder gierig!) in die Augen und beobachten Sie, wie sie auf das Kompliment reagiert. Dann gehen Sie über in eine offene Frage, mit der Sie sogar komplett das Thema wechseln könnten: »Was haben Sie gemacht, bevor Sie heute hierher gekommen sind?«

Seien Sie offen, ehrlich und an der Frau (nicht nur an ihrem Äußeren) interessiert, dann kommen Sie sicher gut mit der Dame ins Gespräch, denn darum geht es hier in Stufe 3: auf nette Art Kontakt zu knüpfen, um das erste Eis zu schmelzen.

Toll wäre natürlich, wenn Sie das Gespräch – wie oben beschrieben – bei der Frau Ihrer Wahl ausprobieren und die Frau sagt: »Was ich gemacht habe, bevor ich hierher gekommen bin? Nun, ich habe angefangen das Buch TAGES-

ABSCHLUSSGEFÄHRTE von Carsten Höfer zu lesen und da bin ich heute bis Seite XY (diese Seite) gekommen. Wie gefällt Ihnen das Buch?«

Dann wird es auf jeden Fall eine ganz besondere Begegnung mit der gewünschten Prise Humor werden. Außerdem wissen Sie dann bereits, dass Sie eine Schnellleserin vor sich haben. Denn wenn sie heute angefangen hat, das Buch zu lesen, und bereits mehr als die Hälfte gelesen hat, dann liest sie schnell.

Für die weibliche Leserschaft ist dies alles natürlich auch überaus erhellend, nicht wahr, meine Damen? Sie erfahren hier einige Geheimnisse über Männer, die Ihnen sonst vielleicht noch gar nicht bewusst waren.

Insbesondere im Bereich Komplimente gibt es nämlich sowohl für Single-Frauen als auch für Frauen in einer Beziehung etwas ganz Wichtiges zu wissen:

Wenn ein Mann Ihnen ein persönliches Kompliment macht, verbirgt sich dahinter fast immer der Wunsch nach baldmöglichster körperlich-libidinöser Vereinigung.

In Beziehungen machen Männer oft Komplimente in Verbindung mit dem Angebot einer kostenfreien Massage. Sie wissen, was DAS bedeutet.

Aber selbst wenn Sie den Mann vor sich noch gar nicht kennen und er Ihnen einfach nur ein nettes Kompliment macht: Wenn es ein persönliches Kompliment in Bezug auf Ihr Aussehen, Ihren Geruch oder Ihr Lächeln ist, dann sind seine Absichten klar.

Sie glauben mir nicht? Dann fragen Sie jetzt einige Männer aus Ihrem Bekanntenkreis, ob das stimmt. Die werden es natürlich alle leugnen, sie werden es vehement leugnen. Es ist doch klar, dass Sie von keinem Mann, der Umgang mit Ihnen pflegt, diesbezüglich eine ehrliche Antwort bekommen, denn ehe Mann sich versieht, gilt er als sexistischer Aufdringling und wird mit gesellschaftlicher Ächtung abgestraft, auch wenn er Sie weder angefasst noch primäre oder sekundäre Geschlechtsmerkmale verbalisiert hat. Ein überaus riskantes Spiel für jeden

Mann! Denn es gibt Situationen, in denen Komplimente passend, und Frauen, bei denen sie erwünscht sind. Es gibt aber mindestens ebenso viele Frauen, die – zum Beispiel – ein Kompliment zu ihrem Parfümduft als aufdringlich empfinden. Es kommt auf die Situation, die Frau und den Mann selbst an – hochkomplex! Gut also, dass Sie von nun an in diesem Punkt besser durchblicken werden, wenn Sie die folgenden Tatsachen und aufschlussreichen Hinweise verinnerlichen.

Da ich Sie, meine verehrte Leserin, nicht persönlich kenne, kann ich Ihnen versichern: Doch, es stimmt. Männer machen persönliche Komplimente über Ihr Aussehen, Ihren Geruch und Ihr Lächeln ausschließlich dann, wenn sie kopulationsbereit sind und versuchen, Ihnen dies durch die Blume zu suggerieren.

Betrachten Sie dies bitte immer ausschließlich als nettes Kompliment und niemals als Aufdringlichkeit, denn der Mann hat sich doch nun wirklich Mühe gegeben, seine primären Absichten hinter der Fassade eines unverfänglichen Kompliments zu verbergen.

Bei Komplimenten andere Aspekte Ihrer Person betreffend kann der prozentuale Anteil sexuell eindeutiger Angebote individuell variieren. Wenn Sie zum Beispiel von einem Kollegen für Ihren Fleiß am Arbeitsplatz gelobt werden, kann dies einerseits ganz einfach die wohlverdiente Anerkennung Ihrer guten Leistung sein, es könnte aber natürlich auch hier eine **gut** getarnte, erotisierte Absicht dahinterstecken – oder beides. **Männer sind absolut dazu angehalten, die ihnen von der Natur gegebene Triebhaftigkeit immer mehr im Zaum zu halten, zu verbergen oder zu verschleiern. Mitunter deshalb, weil ihre Neigungen als sexistisch oder sogar »sexuelle Belästigung« missverstanden werden könnten, was ja heutzutage zunehmend auch strafrechtliche Folgen mit sich bringt.**

Die Komplimente eines Mannes – wie gehen Sie damit um?

Wie auch immer das Kompliment des Mannes an die Frau aussieht und ob eine Frau den Unterton in seinem Kompliment deutet oder ihn gar nicht erst bemerkt, ein weiteres Hindernis auf dem Weg zur Vereinigung liegt in dieser Art männlicher Herangehensweise: Frauen können Komplimente ganz einfach hinnehmen, akzeptieren und sich ohne weitere Folgen dafür bedanken. Das ist nicht nur beim TAGESABSCHLUSS relevant zu wissen, sondern auch bei Beziehungen, wie Peter, stellvertretend für Millionen anderer Männer, immer wieder erfahren musste, als er noch mit Claudia zusammen war …

»Schatz, Du riechst heute wieder so gut«, säuselt Peter seiner Claudia mit sonorem Brummen genießerisch ins Ohr. Dabei nimmt er sie in den Arm und streicht ihr sanft das Haar aus der Stirn, was sie früher immer so gemocht hatte. Aber Claudia erwidert nur lächelnd: »Danke«, und entwindet sich seiner Umarmung gänzlich ohne weitere Ermunterung.

Peter steht wie bestellt und nicht abgeholt da, wobei er sich ja quasi hier selbst bestellt hat und sich von daher auch nicht beschweren kann, und merkt, dass dies wohl nicht zum intendierten Erfolg geführt hat.

Was ist auf Seiten des Mannes zu tun? Der Mann darf hier natürlich auf keinen Fall noch deutlicher oder gar aufdringlich werden, denn die Frau hat seine Absichten bereits sehr wohl durchschaut, ist aber nicht in derselben Stimmung wie er.

Tipp für Frauen: So prüfen Sie Komplimente auf sexuellen Inhalt

Wann immer Ihnen ein Mann ein Kompliment macht, das Ihnen nicht ganz »koscher« erscheint, dann sagen Sie doch einfach mal Folgendes: »Vielen Dank für das freundliche Kompliment.« Und dann stellen Sie unbedingt noch die folgende Frage: »Hätten Sie mir das gleiche Kompliment auch gemacht, wenn ich ein homosexueller Mann wäre?« Die Antwort des Mannes auf diese Frage wird Ihnen die Augen öffnen.

Hier besprechen wir einige Möglichkeiten, wie er reagieren könnte.

Nehmen wir einmal an, Sie sitzen im Büro der Firma, für die Sie bereits seit mehr als fünf Jahren arbeiten. Ein Arbeitskollege aus einer anderen Abteilung kommt zu Ihnen, lächelt Sie an und sagt so etwas wie: »Liebe Frau XY (Ihr Name), Sie sehen ja heute wieder einmal umwerfend aus, wie machen Sie das nur immer mit Ihren Haaren? Was ich Ihnen immer schon einmal sagen wollte: Ich finde, mit Ihrer freundlichen und herzlichen Art tragen Sie ganz entscheidend zu dem überaus angenehmen Arbeitsklima hier bei uns in der Firma bei.«

Rein oberflächlich und auf sachlicher Ebene betrachtet, scheint es sich hier um ein unverfängliches Kompliment zu handeln, der Mann hat ja nicht gesagt:

»Wie machen Sie das nur immer mit Ihren Titten?«

Sehen Sie? Beim Lesen ist Ihnen hier selbstverständlich aufgefallen, wie sexistisch die niveaulose Erwähnung Ihrer Brüste in diesem Buch wäre, oder? Ihre Brüste haben hier nichts zu suchen und wurden ja auch gar nicht erwähnt, von daher droht Ihnen von hier aus kein Ungemach.

Der Arbeitskollege hat Ihnen ein Kompliment Ihre Haare betreffend gemacht und Ihre herzliche Art in Bezug auf das Arbeitsklima in der Firma gelobt, was also bitte schön soll sich dahinter schon groß verbergen?

Um das herauszufinden, bedanken Sie sich kurz für das Kompliment (es waren ja eigentlich zwei Komplimente) und fragen Sie ihn dann: »Hätten Sie mir das Gleiche auch so gesagt, wenn ich ein homosexueller Mann wäre?«

Es gibt eine Reihe von möglichen Antworten, die Ihnen unmittelbar Aufschluss darüber geben, was Ihr Arbeitskollege tatsächlich im Sinn hatte. Gehen wir diese einmal durch.

Antwortmöglichkeit a): Der Mann blickt ein wenig schüchtern zu Boden, räuspert sich und schaut Sie dann wieder ein wenig verlegen an, indem er sagt: »Ähm, nun, um ehrlich zu sein, hätte ich das mit den Haaren am Anfang weggelassen, aber den Rest schon so gesagt, ja.«

Schlussfolgerung: Ihr Arbeitskollege ist immerhin ehrlich und darüber hinaus ein klein wenig homophob – da er den Rest (das Kompliment, in dem es nicht um Haare geht) aber weiterhin so gesagt hätte, hegt er darüber hinaus offensichtlich keinerlei sexuelle Absichten Ihnen als Frau gegenüber. Sie haben ein ehrliches und völlig asexuelles Kompliment bekommen.

Antwortmöglichkeit b): Ihr Arbeitskollege ist entrüstet, legt sich die flache Hand mit abgewinkeltem Handgelenk auf die Brust und hebt die Stimme: »Wie bitte? Nein, selbstverständlich nicht, ich hätte zusätzlich noch deutlich darauf hingewiesen, dass Dein Parfüm mich jedes Mal ganz wuschig macht, Schätzchen! Aber Du bist kein homosexueller Mann! Naja, niemand ist perfekt.« Dann stupst er Sie leicht an der Schulter und verschwindet kichernd aus dem Büro.

Schlussfolgerung: Ihr Arbeitskollege ist überaus ehrlich und darüber hinaus möglicherweise auch ein klein wenig homosexuell veranlagt.

Antwortmöglichkeit c): Der Kollege starrt Sie leicht panisch an, wird rot und verlässt plötzlich und ohne jeden weiteren Kommentar das Büro.

Schlussfolgerung: Ihr Arbeitskollege ist immerhin ehrlich und darüber hinaus ein klein wenig in Sie verknallt. Da er nichts weiter gesagt hat, fühlt er sich voll ertappt und schämt sich für seine sexuellen Fantasien, in denen Sie ihn jeden Abend in den Schlaf begleiten.

Antwortmöglichkeit d): Der Mann Ihnen gegenüber hebt keck eine Augenbraue, beugt sich leicht vor und lächelt Sie charmant an, indem er mit tiefer Stimme langsam und wohlartikuliert erwidert: »Ob ich das Gleiche zu Ihnen gesagt hätte, wenn Sie … ein homosexueller Mann wären? Eine gute Frage …« und dann schaut er Ihnen tief in die Augen, bevor er sich mit einem filmreifen Hollywoodlächeln abwendet.

Schlussfolgerung: Der Mann macht Ihnen eindeutig sexuell konnotierte Komplimente mit nur einem einzigen Hintergedanken: Sie endlich möglichst bald in sein (oder ihr – egal!) Bett zu bekommen!

Antwortmöglichkeit e): Ihr Arbeitskollege schaut überrascht drein und entgegnet stotternd: »Ob ich … was? Äh, nein, also, oder doch? Ich meine, das kommt auf seine Haare an, also, wenn Sie jetzt ein Mann wären, wobei Sie ja eine sehr weibliche Frisur haben, die langen Haare und so, so eine Frisur hätte ja kein Mann, je nachdem, obwohl ein Mann das ja dann auch falsch verstehen könnte, zumal ein, wie Sie sagten, homosexueller Mann, ich weiß nicht, keine Ahnung, was meinen Sie? Wie lautet die richtige Antwort?«

Schlussfolgerung: Siehe Schlussfolgerung bei Antwortmöglichkeit d), nur dass es sich hier um eine völlig andere Art Mann handelt. In d) sehen Sie sich einem klassischen Macho gegenüber, hier in e) haben Sie einen total verunsicherten Kerl vor sich, der sich das Kompliment lange zurecht gelegt hat und es wahrscheinlich mehrmals vorm Spiegel geübt hat. Jetzt bringen Sie ihn mit Ihrer Frage aus dem Konzept und er muss improvisieren, was er augenscheinlich nicht besonders gut kann.

Was ich Ihnen bei alledem natürlich nicht beantworten kann ist die Frage:

Welche Antwortmöglichkeit wäre Ihnen denn am liebsten?

Nun wissen Sie aber zumindest, meine Damen, was sich hinter einem zunächst unverfänglich scheinenden Kompliment eines attraktiven fremden Mannes verbirgt, wenn er Ihnen auf Stufe 3 zum goldenen TAGESABSCHLUSS ein erstes Kompliment macht, um ein Gespräch mit Ihnen zu beginnen. Das heißt noch lange nicht, dass es dann auch dazu kommen muss. Das entscheiden Sie letztlich ganz allein im Laufe der nächsten Stufen und vielleicht wissen Sie ja bereits, dass Sie zu den 89 Prozent der anwesenden Frauen gehören, die nicht mit ihm bis zur Stufe 7 gelangen möchten, aus welchen Gründen auch immer. Da Ihnen das Spiel aber bisher gefällt (sonst hätten Sie ihn schließlich nicht mehrmals angelächelt), sind Sie gespannt, wie er sich in Stufe 4 verhalten wird, um zu sehen, bis wohin Sie ihn heute Abend gehen lassen.

Sie als Mann können an dieser Stelle, so leid es mir, meine Herren, auch tut, natürlich noch keine Ahnung davon haben, wie weit die Frau, die Sie gerade so geschickt angelächelt und angesprochen haben, mit Ihnen heute Abend gehen möchte. Deshalb darf es jetzt natürlich nicht beim ersten gesprächseinleitenden Satz mit unverfänglichem Kompliment bleiben. Sie können ja jetzt schlecht leicht resigniert einwenden: »Tja, weiter weiß ich leider auch nicht, ähm …«

Machen Sie also nun den nächsten Schritt und gehen Sie mit der Frau eine Stufe höher und besteigen Sie die goldene Stufe 4 zum perfekten TAGESABSCHLUSS.

Sie dürfen (müssen!) jetzt ein richtiges Gespräch mit der Frau führen. Und was sollten Sie dabei beachten?

Stufe 4 zum perfekten TAGESABSCHLUSS: Ein gutes Gespräch – Hören Sie zu, stellen Sie Fragen und halten Sie sich zurück

»Ist das wirklich wahr?«, lacht Peter, »wie hast Du das gemacht?«

Vera lacht auf, wirft den Kopf in den Nacken und sagt: »Nun, ich habe ihm ganz einfach gesagt, dass ich den kompletten Freischütz auswendig gelernt habe. Das wollte er natürlich erst nicht glauben und hat mich dann vor der versammelten Schar von professionellen Schauspielern auf die Bühne gestellt und gesagt: »Na dann mal los, kleines Mädchen!«

»Und Du konntest den ganzen Freischütz auswendig?«

»Ein braver Mann, der Herr Förster! Kommt auch in den Schenkgiebel, es wird schon recht dämmrig und schaurig. Wir wollen gute Freunde bleiben, wackerer Bursch! Ich gönne Ihm morgen das beste Glück! Jetzt schlag Er sich die Grillen aus dem Kopf, nehm Er ein Mädchen und tanz Er mit! – Aus: Der Freischütz von Carl Maria von Weber – erster Akt, dritte Szene, der Kilian.«

»Wow! Respekt! Ganz ehrlich, ich habe noch nie eine Frau getroffen, die den Freischütz auswendig kennt. Du hast ein unglaubliches Gedächtnis, kannst Du Dir alles so leicht merken?«

»Allerdings, von daher gut, dass Du mich vorhin nicht gefragt hast, ob wir uns nicht schon mal irgendwo gesehen haben«, lacht Vera und prostet Peter mit dem Mineralwasser zu.

Peter und seine für heute favorisierte TAGESABSCHLUSS-GEFÄHRTIN sind in einem lustigen Gespräch auf Augenhöhe, sie duzen sich bereits und lernen sich gegenseitig immer besser kennen.

Auch bei Ihnen wird es so sein, wenn Sie die vorherigen Kapitel bedacht haben. Bisher läuft es doch hervorragend, oder? Sie unterhalten sich bereits nach wenigen Minuten mit einer schönen, Ihnen bisher unbekannten Frau, ohne aufdringlich oder sexistisch geworden zu sein. Das ist schon jetzt viel mehr, als die meisten Männer mit ähnlichem Ziel zum TAGES-ABSCHLUSS jemals hinbekommen, und es geht weit darüber hinaus, was die meisten Frauen auf solchen Partys erleben. Die soeben auserwählte Frau wird das ebenso freuen wie Sie und das wird Ihnen einige Sympathiepunkte (beziehungsweise Bonuspunkte gegenüber den anderen Männern auf dem Spielfeld) einbringen. Herzlichen Glückwunsch!

Wie geht es nun weiter? Worüber unterhalten Sie sich mit der Dame? Ganz einfach, Sie unterhalten sich über die Frau vor Ihnen. Das klingt zunächst merkwürdig, denn Sie kennen die Frau ja noch gar nicht. Richtig? Genau aus diesem Grunde sollten Sie jetzt mehr über diese Frau erfahren. Wie machen Sie das?

Sie stellen interessierte, offene Fragen auf der Grundlage dessen, was die Frau Ihnen bereits erzählt hat.

Hören Sie also bitte unbedingt aufmerksam zu, was die Frau sagt. Gut, dass Sie nur Milch getrunken haben, somit noch bei klarem Verstand sind und hochkonzentriert zuhören können. Denn, und das wird für einige Männer auch ohne den Einfluss von Alkohol schwer genug werden und eine echte Herausforderung darstellen:

Sie müssen sich den ganzen Abend über merken können, was die Frau Ihnen erzählt!

Lassen Sie sie immer ausreden. Dann stellen Sie eine weitere offene Frage, die sich auf das zuvor Gesagte bezieht. Wenn sich das für Sie zunächst noch ungewöhnlich und irgendwie kompliziert liest, gebe ich Ihnen hier ein kurzes Beispiel, wie so etwas aussehen kann. Bitte beachten Sie, dass es ein Beispiel für offene, interessierte Fragen ist. Es ist keine Anleitung, kein Rezept, lernen Sie das nicht auswendig. Es dient uns als Beispiel, wie so etwas aussehen könnte:

Mann: »Hallo, Sie haben mich so nett angelächelt, da bin ich froh, dass ich heute Abend auch hier bin. Sie sehen entspannt aus, was haben Sie denn heute gemacht, bevor Sie hierher gekommen sind?«

Prima, das war nett, unverfänglich, ohne Aufdringlichkeiten und ein kleines Kompliment haben Sie gemacht – so geht das.

Frau: »Was ich heute gemacht habe? Nun, ich habe erst gearbeitet und dann ein Bad genommen, vielleicht hat mich das Bad entspannt?«
Mann: »Sieht ganz danach aus, was arbeiten Sie denn?«

Fragen Sie lieber nach der beruflichen Tätigkeit als nach dem Bad, das ist hier in Stufe 4 unverfänglicher, nicht aufdringlich und neutral. Auch wenn Sie sehr wahrscheinlich bei den Worten »… ein Bad genommen« nicht umhin können, sich die Frau nackt in der Badewanne zu visualisieren, gehen Sie nicht darauf ein! Dafür ist es noch zu früh! In der Überschrift hierzu ermahne ich aus gutem Grund »Halten Sie sich zurück!«.

Frau: »Ich arbeite bei einer großen Transportfirma in der Logistik, wir sorgen dafür, dass B2B-Ware pünktlich und zuverlässig an die Kunden kommt.«
Mann: »Hört sich interessant an.«

Das können Sie ruhig sagen, auch wenn Sie das für stinklangweilig halten. Sie wollen ja nicht den Job der Frau übernehmen, sondern mehr über sie erfahren, von daher ist es also schon interessant, was sie arbeitet, auch wenn ihre Arbeit an sich auf Sie langweilig wirkt.

Dann fragen Sie weiter:
»Wie sind Sie dazu gekommen, wollten Sie das schon immer machen?«

Fragen Sie nicht, was genau die Frau da macht oder was eigentlich B2B-Ware ist, das wären Fragen nach der Tätigkeit oder Sachfragen. Solche Fragen stellen Sie lieber der Maus in der Sendung mit der Maus. Sie wollen mehr über die Frau erfahren, daher fragen Sie zum Beispiel nach den Gründen, die die Frau zu ihrem Job gebracht haben, so zeigen Sie Ihr Interesse an der Frau.

Frau: »Ach, ich bin da eher durch Zufall gelandet, mein Bruder hat mir den Job verschafft, er war da früher Abteilungsleiter. Ursprünglich habe ich in Atomphysik habilitiert, aber spätestens seit dem SuperGAU in Fukushima sind die Zukunftsaussichten in dem Job wirklich nicht rosig, also musste ich mich umorientieren.«

Wow! Jetzt haben Sie aber wirklich Glück! – Entweder sitzt vor Ihnen eine hochintelligente Frau mit Professur in Atomphysik und Sie haben eine dieser Frauen aus den James-Bond-Filmen angelächelt oder es handelt sich um eine hochintelligente Frau mit einer bewundernswerten Portion Humor. Beides wäre doch super, oder?

Wenn Ihnen hochintelligente Frauen Angst machen, weil Sie selbst nicht hochintelligent sind, dann fehlt es Ihnen leider doch noch (schon wieder?) an Selbstwertgefühl. Vielleicht bilden Sie sich erst noch ein wenig fort, um zunächst Ihren IQ und damit später dann auch Ihr Selbstwertgefühl zu steigern? Aber das würde irgendwie zu lange dauern, oder? Sie können auch ohne besonders hohe Intelligenz ein gesundes Selbstwertgefühl besitzen, das geht und ist völlig in Ordnung. Frauen können über mangelnde Intelligenz bei einem Mann hinwegsehen (Sie können das bei Frauen doch auch, oder?), wenn der Mann ansonsten gute Manieren hat und gut gepflegt ist.

Was machen Sie jetzt? Sie fragen weiter interessierte Fragen die Persönlichkeit der Frau betreffend, die sich auf das zuvor Gesagte beziehen und dort anknüpfen.

Mann: »Sie sind Professorin für Atomphysik? Wow!«

Vermeiden Sie hier bitte flache Witzchen wie: »Das hätte ich mir ja denken können, Sie strahlen ja auch schon so schön!«, und fahren Sie lieber mit so etwas fort wie: »Ich gestehe, davon habe ich keine Ahnung.«

Seien Sie da ruhig ehrlich, denn mehr Ahnung als die Frau Professorin haben Sie ohnehin nicht, es sei denn, Sie selbst sind Professor für Atomphysik, was ich jetzt einfach mal ausschließe. Da Sie aber ein gesundes Selbstwertgefühl haben, können Sie auch problemlos eingestehen, wenn Sie von einer Sache wirklich keine Ahnung haben. Womit ich natürlich auch ausschließe, dass Sie Politiker sind, denn haben Sie schon einmal einen Politiker gesehen, der ehrlich zugibt, dass er von irgendetwas wirklich keine Ahnung hat? Außerdem wollen Sie sich hier nicht in ein Gespräch über die moralischen, energietechnischen und umweltpolitischen Aspekte der friedlichen und militärischen Nutzung der Atomphysik verstricken, sondern Sie müssen Ihr oben formuliertes Ziel (den perfekten TAGESABSCHLUSS) im Auge behalten!

Mann: »Ohne jetzt indiskret werden zu wollen, aber wie darf ich mir das vorstellen? Haben Sie als kleines Mädchen schon davon geträumt, Expertin für Atomphysik zu werden?«

Sie dürfen jetzt ruhig noch ein bisschen persönlicher werden und nach der Kindheit fragen. Merken Sie sich, dass Sie einen Bruder hat, der sich offensichtlich gut um sie kümmert (er hat ihr den Job in der Logistik-Branche besorgt), das könnte später noch wichtig werden.

Belassen wir es mit dem beispielhaften Dialog an dieser Stelle, denn eines sollte Ihnen, meine Herren, an dieser Stelle hoffentlich klar geworden sein …

Die zwei wichtigsten Grundregeln der Kennenlern-Konversation

1. Interessieren Sie sich für die Frau vor Ihnen! Nicht für irgendwelche Sachthemen, welcher Art auch immer.
2. Sie erzählen nur dann von sich selbst, wenn die Frau Sie danach fragt. Im oben angeführten Beispiel ist das bisher noch gar nicht der Fall gewesen, dann erzählen Sie jetzt auch noch nicht von sich. Die Frau wird das Thema schon irgendwann auf Sie lenken, denn sie wird wissen wollen, wer da jetzt gerade mit ihr redet.

Welche Themen eignen sich für das Gespräch zum TAGESABSCHLUSS? Welche sollten Sie unbedingt vermeiden?

Nein, Sie können sich mit der Frau nicht über Gott und die Welt unterhalten! Es gibt einige wirklich sehr wichtige Dinge, die Sie thematisch beachten sollten, wenn Sie mit der potenziellen TAGESABSCHLUSSGFÄHRTIN reden. Das Allerwichtigste gleich vorab:

Sprechen Sie mit einer Frau, die Sie erst kurz kennen und mit der Sie gerne noch am selben Abend ein sexuelles Abenteuer erleben möchten, niemals über Sex oder Ähnliches!

Das wird ganz gewiss viele Männer verwundern, denn das eingangs definierte Ziel lautet doch ganz klar: Das gemeinsame Ausüben von Sexualität, oder? Warum sollte man dann nicht irgendwann im Laufe eines guten Gespräches, denn so weit sind wir ja schon, nicht auch mal ein wenig über Sex reden?

Nun, sobald Sie als Mann das Thema darauf bringen, wird die Frau mehr oder weniger automatisch, quasi aus einem angeborenen Reflex heraus, ihre Barrieren hochfahren und innerlich eine ablehnende Stellung einnehmen. Es ist hier in

Stufe 4 noch viel zu früh, an Sex oder etwas Ähnliches überhaupt auch nur zu denken! Beachten Sie bitte Folgendes:

Je länger Sie es als Mann schaffen, NICHT an Sex zu denken oder davon zu reden, umso wahrscheinlicher wird es sein, dass Sie am Ende von Stufe 7 dazu kommen, mit der Frau ins Bett zu springen!

Verbalisierte Sexualität wirkt auf Männer natürlich immer erregend, bei den meisten Frauen aber, wenn überhaupt, erst auf Stufe 7.

Je weniger Sie in diesem Augenblick an Sex denken, umso sicherer vermeiden Sie im Gespräch thematisch diesen Bereich und umso wahrscheinlicher wird die Frau Vertrauen zu Ihnen aufbauen und umso wahrscheinlicher wird es später werden, dass sie Sex mit Ihnen haben möchte. Für Sie als Mann klingt das merkwürdig? Es ist aber so.

Je direkter Sie versuchen, in Richtung Sexualität zu steuern, umso weiter werden Sie sich davon entfernen. Da gibt es wirklich keine Ausnahme. Selbst wenn die Frau von sich aus das Thema darauf bringt, sollten Sie es tunlichst vermeiden, darauf aufzuspringen. Warum, fragen Sie sich? Nun, die Frau spielt ein Spiel mit Ihnen, so wie Sie mit ihr. Die Spielregeln für dieses Spiel haben Sie in Form dieses Buches vor sich. Wenn die Frau anfängt, das Thema auf Sex zu richten, möchte sie schauen, wie Sie damit umgehen. Sie wird sich fragen: »Wie charmant und elegant ist er wirklich, wenn ich ihn da ein wenig provoziere? Ist er ein echter Gentleman oder doch nur ein dumpfer Prolet, der ein bisschen schauspielert? Wie viel Selbstdisziplin hat er?« Je länger das Thema Sex unausgesprochen bleibt, umso besser!

Welche Themen sollten Sie ebenfalls vermeiden? Ganz einfach: alle Themen, die kontrovers und unpersönlich sein könnten. Reden Sie nicht über Politik, nicht über Religion, nicht über technische Dinge und nicht über Geld. Das mögen ja alles weltrelevante Themen sein, zu denen Sie hoffentlich auch eine klare eigene Meinung haben, aber für die Situation auf Stufe 4 zum perfekten TAGESABSCHLUSS sind diese Themen absolut ungeeignet. Je weiter sich das Thema vom Augenblick im Hier und Jetzt entfernt, umso wahrscheinlicher wird es sein, dass Sie sich auf Stufe 4 »festquatschen« und nicht zur nächsten goldenen Stufe mit der verheißungsvollen 5 kommen, wo es ja schon den ersten echten Körperkontakt geben wird.

Worüber also können und sollten Sie reden?

Sie beide als Personen bilden das Oberthema, insbesondere die Frau steht im Fokus. Sie erinnern sich? Die Unterthemen sollten möglichst unverfänglich sein.

Sie können übers **Essen** reden, das ist ein sehr dankbares und gefahrloses Thema, bei dem Sie auch so einiges über die Frau erfahren können. Jeder Mensch fühlt sich zu einer bestimmten Art von Nahrung hingezogen.

Urlaub ist ebenfalls ein sehr gut gewähltes Thema auf dem Ziel zum perfekten TAGESABSCHLUSS. Jeder hat etwas über seine bisher schönsten, aufregendsten oder peinlichsten Urlaubserlebnisse zu erzählen.

Kindheit eignet sich auch hervorragend als Gesprächsthema, wenn Sie schon ein wenig miteinander warm geworden sind. Jeder hatte eine Kindheit, das ist der Vorteil dabei, und jeder hat eine Menge Erinnerungen daran. So werden Sie ganz automatisch zu Persönlichkeiten mit Tiefe und Vergangenheit, was der Nähe und dem Vertrauen nur zuträglich sein kann.

Sie können auch über populäre Kultur wie **Filme, Musik und Bücher** reden, das alles ist problemlos und prima geeignet, sich gegenseitig besser kennenzulernen.

Wenn die Frau Sie etwas fragt, dann antworten Sie offen und ehrlich. Aber:

Geben Sie nicht an! – Ihr Thema lautet zum Beispiel: **Essen**.

Irgendwie sind Sie da bei Fast Food gelandet und die Frau sagt: »McDonalds? Da gehe ich nur im Notfall hin, wenn nachts nichts anderes mehr aufhat und ich noch ne Kleinigkeit essen muss. Aber mehr als einen Hamburger mit kleiner Pommes kriege ich da nicht rein.« Antworten Sie dann bitte bloß nicht: »Ehrlich? Ich hab mit meinem Kumpel Andy mal gewettet, dass ich mehr Big-Mac-Maxi-Menüs als er essen kann. Na ja, beim fünften musste **er** dann kotzen, während ich sein Menü auch noch aufgegessen habe! Ha ha!« Ich weiß, dass das Ihre Kumpels schwer beeindrucken würde, aber mit denen wollen Sie doch nicht ins Bett?

Übertreiben Sie nicht! – Ihr Thema: **Urlaub**.

Sie fragt: »Mein Traumurlaubsort ist Mauritius, da war ich noch nie, soll wunderschön sein. Warst Du schon mal dort?«

Antworten Sie dann auf keinen Fall: »Jaja, so zwei-, dreimal im Jahr jette ich da rüber, ganz nett, aber kein Vergleich zu meiner Privatinsel in der Karibik.«

Für Frauen gibt es kaum etwas Langweiligeres als Männer, die maßlos übertreiben.

Stellen Sie Ihr Licht aber auch nicht unter den Scheffel.

Sie fragt: »Kennen Sie Berlioz? Ich liebe Berlioz, besonders seine *Symphonie fantastique*.«

Antworten Sie dann bitte nicht: »Ich bin nicht so gut im Lesen, gibt's das auch als Film?«

Das Thema war leider weder Bücher noch Filme. Also reden Sie entweder mit ihr über die Musik der Romantik oder gestehen Sie ihr, dass Sie lieber Metallica hören, wenn Sie kreativ arbeiten. Wenn Sie das charmant machen, ist das völlig okay. Es geht ja nicht darum, den gleichen Musikgeschmack zu haben, sondern sich einfach besser kennenzulernen.

Verheimlichen Sie nichts, das macht verständlicherweise misstrauisch. – Ihr Thema: **Kindheit**.

Sie fragt: »Als ich noch ein kleines Mädchen war, hat mich mein Bruder mal vom Schaukelpferd geschubst – wir haben uns ständig gestritten –, seitdem habe ich diese dämliche kleine

Narbe hier über der Augenbraue (Sie zeigt Ihnen die kleine Narbe, indem sie sich zu Ihnen vorbeugt – ein gutes Zeichen!). Na ja. (Sie lacht.) Und? Hast Du auch mal was *Schlimmes* mit Deiner kleinen Schwester angestellt?«

Antworten Sie dann nicht mit irrlichterndem Klaus-Kinski-Blick: »Ich werde nicht über meine kleine Schwester reden!«

Frauen erspüren Geheimnisse bei Männern sehr schnell, viel schneller als Männer bei Frauen Geheimnisse mitkriegen – falls überhaupt!

Wenn Sie ein netter Kerl sind, sollten Sie die Fragen der Frau ehrlich und nicht ausweichend beantworten. Sie hat ein Recht darauf, denn sie antwortet Ihnen ja auch.

Sobald Sie die Frage der Frau aufrichtig beantwortet haben, stellen Sie wieder eine Frage, die sich auf etwas bezieht, was die Frau bereits über sich erzählt hat, wie zum Beispiel:

»Du erwähntest Deinen Bruder, hast Du noch weitere Geschwister?« oder »Wie war das so für Dich, mit einem älteren Bruder aufzuwachsen?« Die Antwort darauf wird Ihnen einiges über das Männerbild dieser Frau verraten können. Es geht hier darum, dass Sie mithilfe eines guten Gespräches mehr über die Frau erfahren und ihr die Gelegenheit geben, mehr über Sie zu erfahren. Ein gegenseitiges Geben und Nehmen auf Augenhöhe. Seien Sie freundlich, lächeln Sie, wenn es passt, und schauen Sie, was die Frau Ihnen anvertraut.

Das eindeutige Ziel in dieser Stufe 4 muss sein, dass Sie Vertrauen aufbauen. Ich meine damit ehrliches Vertrauen. Lügen Sie nicht und spielen Sie der Frau nichts vor. Es geht darum, herauszufinden, ob die Frau Ihnen gegenüber auch einen TAGESABSCHLUSSGEFÄHRTEN sucht oder andere Ziele hat. Und das erfahren Sie nur, wenn die Frau Ihnen vertraut. Sonst werden Sie gar nichts erfahren und die ganze Sache wird scheitern.

Das gilt für den erfolgreichen TAGESABSCHLUSS ebenso wie für langjährige Beziehungen. Auch wenn die Gesprächsthemen dann natürlich noch in die Tiefe gehen werden.

Es geht beim TAGESABSCHLUSS niemals rein darum, eine Frau »rumzukriegen« oder »abzuschleppen«. Wenn Sie so etwas im Sinn haben, dann überdenken Sie bitte Ihre Einstellung zu Frauen generell.

Ich weiß, dass einige Frauen an dieser Stelle laut auflachen werden und denken: »Ja klar, wer soll das denn glauben? Natürlich will der Typ die Frau rumkriegen, abschleppen und flachlegen, was denn sonst!?!«

Wenn das auch Ihre erste Reaktion an dieser Stelle war, meine hochverehrten Leserinnen, dann haben Sie ganz sicher schon so einige negative Erfahrungen mit abschleppwilligen Männern gemacht, die die 7 goldenen Stufen auf dem Weg zum perfekten TAGESABSCHLUSS weder kannten noch charakterlich dazu in der Lage gewesen wären, sie vernünftig anzuwenden, selbst wenn sie davon Kenntnis gehabt hätten. Das tut mir leid, aber Sie haben natürlich insofern recht, als dass solche unbeholfenen und ziemlich verzweifelten Männer oft in der Überzahl sind, gerade auch auf Singlepartys und ähnlichen Festivitäten.

Meine Damen: Unter den Männern, die Sie auf Partys, in Diskotheken und im Singleurlaub antreffen, können Sie nur dann die Spreu vom Weizen trennen, wenn Sie sehr genau darauf achten, ob der Typ, der Ihnen vorhin so positiv aufgefallen ist, wirklich alle 7 goldenen Stufen zum perfekten TAGESABSCHLUSS beherrscht. Die Statistik erlaubt Ihnen da einen ersten groben Überblick über das vorhandene Männerportfolio:

63 Prozent der Männer sind sexuell verzweifelt und haben keine Ahnung davon, wie sie dieses Problem sinnvoll lösen können, ohne den anwesenden Frauen auf die Nerven zu gehen. Diese Männer leiden oft an einem schwachen Selbstwertgefühl, trinken Alkohol und baggern Frauen an. Diese Männer sind es, die Frauen irgendwann denken lassen, dass alle Männer immer nur Frauen »abschleppen, rumkriegen und flachlegen« wollen. Schade eigentlich, denn es gibt auch andere Männer:

18 Prozent der Männer sind mit »den Jungs«, ihren Kumpels, unterwegs. Diese Männer trinken auf jeden Fall Alkohol, sind ziemlich sicher auch sexuell verzweifelt, haben aber trotzdem eine Menge Spaß. Dieser Spaß ist aber immer nur eine rein maskuline Art von Spaß. Sie als Frau werden in solchen Männergruppen kaum Spaß haben, wenn Sie nicht auch ein ganzer Kerl sind und mindestens Ihren Namen in den Schnee pinkeln können. Schade eigentlich, denn es gibt auch andere Männer:

10 Prozent der Männer sind NICHT heterosexuell. Das sind oft überaus gut aussehende, charmante, wohlerzogene und humorvolle Typen, mit denen Sie vielleicht sogar eine Menge Spaß haben können, aber maximal bis Stufe 4 und wirklich **niemals** bis zum TAGESABSCHLUSS auf Stufe 7, das können Sie direkt vergessen. Schade eigentlich, denn es gibt auch andere Männer. Und hier sind sie:

9 Prozent der Männer sind charmante, wohlerzogene und humorvolle TAGESABSCHLUSSGEFÄHRTEN. Aus denen können Sie anhand der Kriterien dieses Buches das für Sie passende Exemplar aussuchen.

Denn es gibt sie tatsächlich, meine Damen! Ja, es gibt diese gepflegten Männer mit Manieren, mit denen Sie sich gut unterhalten können. Diese Männer wollen Sie nicht »abschleppen«, sondern mit Ihnen gemeinsam die Lust an einem erotischen Abenteuer genießen, WENN Sie das von sich raus auch wollen. Diese Männer stellen die Wünsche und Bedürfnisse der Frau in den Vordergrund und lieben es, mit Ihnen gemeinsam auf unterhaltsame Weise herauszufinden, was Sie wollen.

Und um das herauszufinden, spielen Sie mit einem Exemplar dieser Kategorie das Spiel über die 7 goldenen Stufen. So finden Sie beide zuverlässig, mit Humor und auf respektvolle Weise heraus, ob es passt oder nicht.

Hier in Stufe 4 geht es darum, wie Sie als Frau herausfinden, ob der von Ihnen gerade zum Gespräch auserkorene Mann in die engere Wahl kommt oder nicht.

Damit Sie gut im Gespräch bleiben!

Liebe Männer, achten Sie bei Komplimenten darauf, dass Sie nicht zu viele machen, denn dann verlieren sie an Wirkung. Komplimente wirken bei Frauen oft am besten, wenn sie unerwartet sind.

Persönliche Komplimente, die nicht auf Äußerlichkeiten abzielen, wirken hier in Stufe 4 viel besser, denn Sie sind sich ja schon näher gekommen und da sollten Sie die Oberflächlichkeiten dann auch langsam weglassen.

Bei den Gesprächsthemen bleiben Sie möglichst dicht bei der Frau (inhaltlich) und gleiten niemals in kontroverse Sachthemen ab.

Sie hören gut zu, merken sich, was die Frau Ihnen erzählt, und stellen interessierte Nachfragen auf der Grundlage dessen, was sie Ihnen bereits erzählt hat.

Ich weiß, es gibt Männer, die unter dem Einfluss von Alkohol direkt auf attraktive Frauen zugehen und ziemlich stumpf fragen: »Na, Baby, gehen wir zu Dir oder zu mir?« (Typ: Aufreißer vor billiger Table-Dance-Bar am Hamburger Hafen).

Was glauben Sie, wie hoch die Erfolgsaussichten einer solchen Vorgehensweise sind? Hier wird absolut alles falsch gemacht, was Mann nur falsch machen kann:

1. Der Mann hat sich offensichtlich Mut angetrunken. Er hat also ein schwaches Selbstwertgefühl, riecht wahrscheinlich schon sehr unangenehm nach Alkohol, ist nicht bei klarem Verstand.
2. Er hat den allerletzten Anmachspruch heruntergeleiert.
3. Er hat völlig übersehen, dass die Frau, die er angesprochen hat, schon seit einiger Zeit erst belustigt, später angewidert zu ihm herübergeschaut und ihn nicht angelächelt, sondern mehr über ihn gelacht hat.

4. So ein Mann interessiert sich nicht für die Frau, sondern nur für seine Art von angeblichem Spaß. Wahrscheinlich ist sein Selbstwertgefühl so schwach, dass er einige seiner ebenso schmierigen Kumpels im Rücken hat, die mit ihm gewettet haben, dass er sich nicht traut, die Frau »anzuquatschen«.

So ein Mann ist unangenehm, aufdringlich, sexistisch und macht es den 9 Prozent der Männer, die es besser können, nicht leichter. Nicht ganz zu Unrecht erhalten solche Männer auch schon mal eine Ohrfeige, das muss ihnen an Körperkontakt ausreichen.

Bei der Methode der 7 goldenen Stufen eines Gentleman ist es elementar, dass Sie jede Stufe mit Sorgfalt und Respekt behandeln, so wie die Frau vor Ihnen.

Jetzt führen Sie also bereits ein nicht mehr ganz so oberflächliches Gespräch mit der Frau und lernen sich gegenseitig kennen, das ist gut, denn das baut Vertrauen auf. Ohne ehrliches Vertrauen wird die Frau Sie niemals als TAGESABSCHLUSSGEFÄHRTEN erwählen, selbst wenn sonst alle anderen Aspekte dafür sprechen und die Frau noch so sehr interessiert ist.

Aber wenn Sie die bisherigen Dinge beachten, dann unterhalten Sie sich bereits charmant und mit einer Menge Humor, Sie kommen sich näher und damit landen Sie auf der goldenen Stufe 5.

Stufe 5 zum perfekten TAGESABSCHLUSS: Der erste Körperkontakt – Grabschen Sie bloß nicht!

»Und dann stand er am nächsten Tag schon wieder wie ein räudiger Köter vor meinem Hotelzimmer und fragte fast unterwürfig: ›Darf ich Ihnen vielleicht heute einen Drink spendieren, schöne Frau?‹ Das fragt der mich morgens früh, wenn ich noch halb verschlafen Richtung Frühstück schlurfe. Nervig!«

»Wie unangenehm.«

»Der Typ war nur anstrengend. Mein Gott, ich wollte einfach mal zwei Wochen mit meiner besten Freundin ausspannen und abschalten, die Sonne genießen.«

Vera lacht kopfschüttelnd auf. Peter und Vera heben gleichzeitig das Glas, nehmen einen Schluck Mineralwasser und Vera fragt: »Was war Dein nervigstes Urlaubserlebnis, Peter? Bist Du vielleicht mal von einer Frau belästigt worden?«

»Das nicht, aber bei meinem ersten Tauchkurs in Ägypten ...«

»Du tauchst? Ich auch!« Vera macht das international gültige Standard-Taucher-Handzeichen für »Alles okay?«, indem sie Daumen und Zeigefinger zu einem »o« formt und die anderen Finger gerade abspreizt.

Peter antwortet lachend mit demselben Handzeichen, was als Antwort heißt: »Ja, bei mir ist alles okay.«

»Okay, was ist das?«, fragt Vera und streckt die linke Hand mit dem Handrücken nach vorn zu ihm aus. Dabei macht sie mit dem rechten Zeigefinger einige imaginäre Punkte auf den linken Handrücken.

Peter lacht: »Das ist eins von diesen speziellen Zeichen, die je nach Urlaubsort unterschiedlich sind, ich habe es in Ägypten von meinem einheimischen Tauchlehrer gelernt. Es bedeutet: Sieh nur, da vorn schwimmt ein Blaupunktrochen. Jetzt bin ich dran.« Peter faltet beide Hände wie zum Gebet ineinander und lässt die Zeigefinger dabei nebeneinander auf- und abwackeln. Er macht ein Handzeichen, das Vera noch nie unter Wasser gesehen hat.

»Was bedeutet das?«, fragt sie amüsiert.

Peter lächelt und sagt etwas zu leise: »Sieh nur, ein Unterwasserhase!«

Vera runzelt schmunzelnd die Stirn, beugt sich ein Stück nach vorn zu Peter hin, legt den Kopf ein wenig schief und fragt: »Wie bitte? Das habe ich nicht verstanden.«

Peter seinerseits beugt sich auch ein Stück vor und flüstert in Veras Ohr: »Das ist das internationale Zeichen für ›Sieh nur, dort schwimmt ein Unterwasserhase‹«, dabei berührt er nahezu zufällig ihre Ohrmuschel ganz leicht und nur für eine Millisekunde mit seiner Lippe.

Vera durchfährt es wie ein warmer Strom. Sie hält kurz inne, dreht ihren Kopf zu Peter hin und beide schauen sich für einige Momente tief in die Augen. Peter lächelt und hebt dann fragend eine Augenbraue.

Vera beugt sich nun ihrerseits zu Peter hin und flüstert ihm ins Ohr: »Was ist das denn für ein ausgemachter Blödsinn?«, sie muss kichern und fährt fort: »Unterwasserhase, ja? Was für Meeresbewohner hast Du denn noch auf Lager?«

Peter beugt sich abermals ein wenig nach vorne, um Vera etwas ins Ohr zu flüstern. Sein rechter Unterarm, in dem er sein Glas Wasser hält, streift ganz sachte und völlig inaktiv Veras leicht nach vorn geschobenen Brüste durch ihre Bluse hindurch, als er leise flüstert: »Ich kenne die Zeichen für den gelben Unterwassermaulwurf, den großen und den kleinen Zungengobbler und den südchilenischen Fußwärmer.«

Vera atmet tief ein, überlegt ganz kurz, ob sie nun die Reißleine ziehen soll und lässt sich dann in das wohlige Gefühl aufkeimender Erregung fallen, als sie Peter in die Augen schaut und zu ihm sagt: »Sehr interessant. Wollen wir uns nicht mal setzen?

Sonst stehen wir uns hier in dem Gedränge noch die Beine in den Bauch.«

Peter macht das Taucherzeichen für »Bleib bei Deinem Tauchpartner (= Buddy)«, indem er die ausgestreckten Zeigefinger seiner rechten und linken Hand bei ansonsten geschlossenen Händen nebeneinanderlegt. Vera zeigt ein »Okay« mit Daumen und Zeigefinger. Peter nimmt Veras Arm und gemeinsam gehen sie in die gemütliche Lounge-Ecke des Clubs, wo sie sich beide erleichtert auf ein noch unbesetztes Ledersofa neben dem Ethanol-Kamin fallen lassen. Die Beine eng nebeneinander, dreht sich Vera zu Peter hin, legt eine Hand auf seinen Oberschenkel, schaut irgendwie suchend in seine Augen und meint dann: »Erzähl mir mehr von unbekannten Wasserbewohnern.«

Peter und Vera kommen nun immer weiter in eine wunderbar entspannte und leicht erotisierte Stimmung. **Ist das Zufall? Hat sich das einfach so spontan ergeben? Oder genießen beide als erwachsene Menschen ziemlich bewusst ein eindeutiges Spiel mit klaren Regeln und vielen wunderbaren Möglichkeiten?**
Sie wissen natürlich schon, dass sich hier nichts einfach so ergibt, nichts einfach irgendwie passiert, sondern immer das Ergebnis von selbst verantwortetem Handeln zweier erwachsener Menschen ist. Keiner arbeitet mit Tricks, keiner verheimlicht etwas und niemand soll »abgeschleppt« werden.

Sie übernehmen, wie Peter und Vera natürlich auch, die volle Verantwortung für Ihr Handeln und Tun, damit Sie es in vollen Zügen genießen können. Nicht, dass Sie später so etwas sagen wie: »Oh, wie peinlich, das habe ich nicht gewollt, es ist einfach irgendwie so passiert.« Überlassen Sie die Verantwortung für das, was möglicherweise noch geschehen wird, nicht dem Schicksal oder den Umständen, sondern nur sich selbst. Genießen Sie es! Nur so wird es funktionieren.

Wenn Sie hier auf den 7 goldenen Stufen zum perfekten TAGESABSCHLUSS mitspielen, dann nur, wenn Sie es bewusst, gerne und bei klarem Verstand tun. Seien Sie sich Ihrer

Selbst bewusst, seien Sie selbstbewusst und stehen Sie zu dem, was Sie da tun. Nur dann werden Sie richtig viel Spaß haben, es in vollen Zügen genießen können und sich später nicht für irgendetwas schämen.

Vera und Peter haben sich auf jeder bisherigen Stufe immer wieder neu dafür entschieden, ob und wie es weitergehen soll. Dabei haben sie die Spielregeln beachtet und somit bereits ersten, zarten Körperkontakt. Ein wunderbar prickelndes Gefühl gesellt sich nun zu der ohnehin bereits aufgeheizten Situation.

Wie kommen nun auch Sie in diesen schönen Zustand von Zweisamkeit? Nicht immer läuft es ja exakt so, wie bei Vera und Peter. Was sind die allgemeingültigen Spielregeln hier auf Stufe 5?

Während Sie, meine Herren, immer mehr über die Frau vor Ihnen erfahren und Sie Ihrerseits immer mehr von sich preisgeben, dürfen Sie ganz allmählich etwas näher an die Frau heranrücken, wenn sich das Gespräch flüssig, humorvoll und unbefangen entwickelt.

Erinnern Sie sich, dass wir auf Stufe 2 (Location) davon sprachen, dass Lokalitäten mit lauter Musik absolut von Vorteil sind? Jetzt sage ich Ihnen auch, warum:

Je lauter die Musik ist, umso sinnvoller ist es, dass Sie der Frau vor sich körperlich näherkommen, um sie nicht anschreien zu müssen.

Sie führen ja seit Stufe 4 bereits ein gutes, persönliches Gespräch mit der Frau. Währenddessen sollten Sie sich dann auch namentlich vorgestellt haben und den Namen der Frau kennen. Wenn Sie bis Stufe 4 alles richtig gemacht haben, sind Sie jetzt beim vertraulichen Du angelangt.

Die Nähe und das Vertrauen, die sich in der Kommunikation bereits anbahnen, kann nun durch eine immer weiter eingeschränkte körperliche Distanz manifestiert werden. Achten Sie hier bitte wieder sehr sensibel darauf, wie die Frau darauf reagiert, wenn Sie ein wenig näher zu ihr aufrücken, wenn Sie etwas leiser sprechen (das persönliche Gespräch sollte nicht mit erhobener Stimme geführt werden) und ihr Ihrerseits das Ohr weiter hinhalten, wenn sie etwas sagt (es ist ja so laut).

Rückt die Frau von Ihnen weg oder versteift sich in ihrer Haltung, dann fahren Sie wieder zurück und bleiben noch länger bei Stufe 4.

Sie sind aber gut im Gespräch und haben schon viel Spaß zusammen? Dann kann es gut sein, dass die Frau ihrerseits ein wenig auf Sie zukommt, denn Frauen schreien auch nicht gern.

Dabei haben Sie natürlich auch beachtet, worauf wir auf Stufe 2 zu sprechen kamen …

Sie sollten beide stehen und noch nicht sitzen.

Warum Sitzen bis Stufe 5 hinderlich ist

Wenn Sie sich an einem Tisch gegenübersitzen, wird es schwer werden, beiläufig Körperkontakt herzustellen. Das hollywoodeske »Füßeln«, das Sie in irgendwelchen Filmen gesehen haben, findet auf den sieben goldenen Stufen zum perfekten TAGESABSCHLUSS nicht statt!

Warum nicht? Wenn Sie ein Gentleman auf dem Weg zum perfekten TAGESABSCHLUSS sind, dann füßeln Sie nicht an der Frau herum! Überhaupt: Männer füßeln generell nicht an Frauenbeinen herum, das ist unpassend. Das liegt an zwei ganz wichtigen Dingen:

1. Der Füßelnde sollte sich ohne Schuhwerk an das Unterbein der zu Befüßelnden heranfüßeln. Da Mann meist gut geschnürtes, festes Schuhwerk trägt, müsste er sich also zunächst nach unten begeben, um die Schnürsenkel aufzuknüpfen. Das wäre ein in dieser Situation unwürdiges Schauspiel und überaus erklärungsbedürftig: »Was tust Du da?«, fragt die Frau. Und was wollen Sie dann antworten? »Ich ziehe mir nur schnell die Schuhe aus, damit ich Dich besser befüßeln kann.«?

2. Männerfüße neigen viel stärker zu unangenehmer Geruchsbildung als Frauenfüße und sollten daher in der Öffentlichkeit generell unter Verschluss gehalten werden, wenn Sie weibliche Nasen nicht beleidigen wollen.

Auch in den Hollywoodfilmen, wo gefüßelt wird, tun dies ausschließlich die Frauen bei den Männern. Das Füßeln ist eine erotische Variante des Körperkontakts, der ausschließlich von der Frau initiiert wird. Frauen haben viel seltener Fußgeruch und tragen viel öfter Schuhwerk, das sich ganz einfach und unbemerkt abstreifen lässt.

Aber Frau füßelt nur dann, wenn sie sich mit dem befüßelnden Mann in der allerersten Phase einer frischen Verliebtheit befindet, die sich über einen längeren Zeitraum zieht. Zum TAGESABSCHLUSS stehen aber meist nicht mehr als ein paar Stunden zur Verfügung. Nur wenn sie den Mann schon eine Weile (das meint Tage und Wochen!) kennt, wenn sie sich schon ein paarmal mit ihm getroffen hat (mindestens zwei oder drei Dates!) und nun sein Werben bestärken möchte.

Das Füßeln ist auf jeden Fall auch eine wunderbare Variante, wie sich Mann und Frau näherkommen können, dauert aber natürlich länger und wird Ihnen bei dem hier behandelten TAGESABSCHLUSS nicht passieren.

Beachten Sie also bitte unbedingt auf den Stufen 2 bis 5, dass Sie beide **stehen**. So bleiben Sie flexibel im Raum und können sich zwanglos aufeinander zu bewegen. Vor allem müssen Sie nicht erst aufstehen, wenn Sie als Mann Körperkontakt zu der Frau aufnehmen möchten, was schnell merkwürdig abrupt und unangebracht aussehen kann. Beachten Sie diese Spielregeln unbedingt, dann wird es wunderbar.

Genau darum geht es ja hier auf Stufe 5: unaufdringlich Körperkontakt aufzunehmen.

Wenn es um Sie herum so richtig schön laut ist, dann reden Sie jetzt meist schon direkt von Ohr zu Ohr und sind ohnehin nur noch wenige Zentimeter voneinander entfernt. Sie haben sehr wahrscheinlich bereits die natürliche Abstandsbarriere überwunden, die jeden Menschen umgibt und die wir nur die Menschen übertreten lassen, denen wir vertrauen.

Die Frau wird Sie nun sehr deutlich riechen. Gut, dass Sie sich gründlich gewaschen und nur ein bisschen von dem edlen Duftwasser aufgelegt haben und darüber hinaus keinen Alkohol getrunken haben.

Ganz wichtig (Kernlektion von Stufe 5!): **Lassen Sie Ihre Finger unbedingt (noch) bei sich, grabschen Sie auf gar keinen Fall irgendwie mit der Hand nach irgendwelchen Körperstellen der Frau, das wird zu diesem Zeitpunkt sehr wahrscheinlich alles verderben!** Disziplinieren Sie sich hier in Stufe 5 bitte unbedingt, dafür dürfen Sie später (in Stufe 7) umso mehr mit den Händen spielen.

Den ersten Körperkontakt durch Flüstern herstellen

Bleiben Sie bei der Konversation von Mund zu Ohr und wenn die Frau sich auf diese enge Art der Unterhaltung einlässt, dann können Sie zwischendurch auch mal einen tieferen Blick in ihre Augen wagen, wenn Sie schon so nahe beieinander sind. Wagen Sie einen Moment lang erneuten direkten Augenkontakt und wenn auch die Frau gern in Ihre Augen schaut (haben Sie Ihre Augenbrauen und Nasenhaare zurechtgestutzt?), dann probieren Sie ein Flüstern in ihr Ohr (beachten Sie weiterhin die Regeln aus Stufe 4!) und berühren, wie aus Versehen, ganz sachte und minimal kurz die Ohrmuschel der Frau mit Ihren Lippen, ohne diese zu küssen. Sie sagen leise etwas und kommen dabei ganz zufällig mit Ihren Lippen kurz an das Ohr der Frau. Das wird bei der Frau und bei Ihnen eine enorme Steigerung der situativen Erotik auslösen, wenn Sie bis hierher nach den Spielregeln gespielt haben.

Frauen lieben es, wenn Mann ihnen etwas ins Ohr flüstert!

Das gilt natürlich nur auf Stufe 5, wenn Sie die ersten vier Stufen vollständig beachtet haben. Meine Herren, kommen Sie jetzt nicht auf die irrige Idee, nur weil der Merksatz oben fett gedruckt und das Ohr der Frau bekanntermaßen eine erogene Zone ist: »Aha, Flüstern also bringt's! Na dann werd' ich doch gleich mal die Schnecke an der Bushaltestelle anflüstern, die jeden Morgen neben mir steht! Spitze!«

Machen Sie es besser als 81 Prozent[13] aller anderen Männer da draußen und seien Sie ein Gentleman!

Kehren wir aber zurück in den Club. Es ist so viel los auf der Party, Sie stehen unter all den anderen Menschen und da wird man auch schon mal durch vorbeigehende Menschen versehentlich berührt und gedrängt, dabei kann es auch passieren, dass Sie die Frau unwillkürlich berühren.

Besser ist es aber, wenn Sie sie nun willkürlich, bewusst und absichtlich so berühren, dass es trotz alledem beiläufig, zwanglos und unaufdringlich bleibt. Das ist nicht ganz einfach, aber absolut entscheidend!

Ganz sachte berühren Ihre Lippen die Haut am Ohr der Frau.

Dies ist der Moment, der darüber entscheidet, wie der Abend weiter verlaufen kann …

Beim ersten Körperkontakt: »Nein, Danke!«

Wenn die Frau stumm nickt und sich ein wenig von Ihnen löst, wieder ein wenig mehr Distanz aufbaut, dann wissen Sie jetzt, dass für die Frau hier Schluss ist. Mehr als einen netten, unverbindlichen Flirt möchte diese Frau mit Ihnen nicht. Auch das respektieren Sie bitte ohne weitere Aufdringlichkeiten. Diese Frau gehört wahrscheinlich zu den 22 Prozent der Frauen, die durchaus in der Stimmung sind zu flirten, aber spätestens jetzt die nicht zu überwindende Grenze ziehen.

---

13 Sie haben ja schon erfahren, dass 63 Prozent der Männer es nicht können und nicht wollen und 18 Prozent nur mit den Kumpels rumhängen.

Unterhalten Sie sich ruhig noch ein wenig weiter mit der schönen Unbekannten, deren Namen Sie ja immerhin kennen, und dann verabschieden Sie sich freundlich, indem Sie sich für das wirklich nette Gespräch bedanken. Kehren Sie zu Stufe 2 zurück und suchen Sie Blickkontakt zu einer anderen Frau, wenn Sie noch Energie haben und es nicht zu spät geworden ist.

Warum eine Telefonnummer nichts bringt

Vielleicht denken Sie jetzt: »Ok, die Frau will heute Abend nicht, aber vielleicht will sie ja demnächst? Ich gebe ihr mal meine Telefonnummer, dann kann sie mich anrufen.«

Vergessen Sie es!

Selbst wenn die Frau Sie (also den Mann) »süß« fand, wird sie Sie nicht anrufen. Denn:

Frauen machen nie den ersten Anruf, das passt nicht zu ihrem Selbstverständnis von Frau-Sein.

Erstens lässt es sie schnell verzweifelt aussehen, was Frauen viel stärker vermeiden möchten als einige Männer.

Zweitens sind gerade moderne und selbstbewusste Frauen der Meinung, dass es im privaten Bereich zu den Aufgaben des Mannes gehört, die Frau anzurufen, das ist »der Job des Mannes«. Eine Frau sollte keinem Mann »hinterhertelefonieren«.

Sie könnten natürlich versuchen, die Telefonnummer der Frau zu erfragen, aber auch das wirkt irgendwie verzweifelt und blöde.

Nur dann, wenn Sie die Telefonnummer der Frau bekommen, ohne danach gefragt zu haben, könnte es Sinn machen, dass Sie sich einige Tage später bei ihr melden. Dann können Sie ein Date vereinbaren und sich langsam besser kennenlernen.

Telefonnummern auszutauschen ist passend für Dates, für ein sich allmählich anbahnendes Verhältnis über Tage und Wochen, aber nicht für den perfekten TAGESABSCHLUSS.

Beim ersten Körperkontakt: »Mehr, bitte!«

Wenn die Frau Sie nach dem fast zufälligen Lippenkontakt am Ohr anschaut, Sie beide wieder einen Moment tiefgehenden Augenkontakt haben und die Frau Sie dann anlächelt und Sie mit einer seitlichen Kopfbewegung in Ihre Richtung gestisch auffordert: »Was hast Du gesagt? Könntest Du das noch mal wiederholen?«, dann sollten Sie ihrem Wunsch entsprechen und dürfen noch einmal an ihr Ohr flüstern. Sie dürfen jetzt sogar Ihre Hände einsetzen und die Frau ganz leicht, aber nicht zögerlich an der Schulter berühren. Sie müssen ja den letzten Satz wiederholen und wollen sicherstellen, dass die Frau Sie jetzt versteht. Ganz sanft dürfen Sie sie an der Schulter noch ein wenig näher zu sich hinführen und noch einmal ihr Ohr mit Ihren Lippen berühren.

Ich verspreche Ihnen, dass das hier schon die hohe Schule des erotischen Flirts ist, der die Wünsche und Bedürfnisse der Frau in den Vordergrund stellt. Von der Lippenberührung am Ohr ist es nicht weit bis zum zweiten Körperkontakt, der unbedingt noch vor der nächsten goldenen Stufe passieren muss.

Den zweiten Körperkontakt herstellen – Die »B & B-Methode«

Jetzt sind Sie beide schon weit gekommen! Wunderbar! Es prickelt und knistert ganz herrlich und Sie haben sich beide bei vollem Bewusstsein dafür entschieden, bis hierher auf den goldenen Stufen zu wandeln. Jetzt sollten Sie schauen, ob es noch weitergeht. Probieren Sie die »B & B-Methode«!

Die B & B-Methode meint: »Beine und Busen (Brüste) beachten«. Sie müssen von jetzt an sehr genau beachten, was Sie mit diesen beiden »Bs« tun und vor allen Dingen lassen! Das liest sich im ersten Moment vielleicht ein wenig sachlich, zu konkret thematisierend, und ich ahne, dass sich bei den weiblichen Leserinnen bestimmt sofort einige Abwehrmechanismen bemerkbar machen, weil Sie befürchten, dass Sie jetzt angegrabscht werden. Keine Panik. Wie die Kapitelüberschrift ganz richtig erwähnt: »Grabschen Sie bloß nicht!« Es geht hier vielmehr darum, beide Körper noch ein Stück weiter einander anzunähern. Wenn Sie jetzt schon so nah beieinander sind, dann beachten Sie, dass Sie nahezu zwangsläufig auch in Kontakt mit den Beinen oder der Oberweite der Dame kommen werden. Darauf müssen Sie vorbereitet sein und angemessen reagieren. Berührungen dieser Körperpartien sind in diesem Stadium nicht zu vermeiden, wenn Sie nicht wieder Distanz aufbauen wollen und das wollen Sie doch nicht, oder? Sie wollen auch nicht auf dem Niveau einer hauchenden Berührung am Ohr verharren, denn wenn es da nicht weitergeht, dann wird das irgendwann auch langweilig, es muss schon weitergehen.

Wie geht es bestenfalls weiter?

Ihre Beine könnten sich berühren, ohne zu füßeln. Sie stehen so dicht beieinander, da dürfen sich auch die Beine berühren. Nicht drängend, nicht fordernd (schieben Sie Ihr Knie nicht zwischen die Beine der Frau!), aber doch ohne Scheu. Auf dieser Stufe steigert es das intime Gefühl von Zweisamkeit enorm. Aber damit nicht genug, es geht noch kontaktfreudiger, wenn Sie irgendwann die Brüste der Frau ins Spiel einbeziehen. Lachen Sie nicht, das ist elementar. Sie müssen das natürlich richtig machen und die Frau wird extrem sensibel darauf achten, **wie** Sie das anstellen. An dieser Stelle wird sich, je nachdem, wie Sie diese zwei besonderen Körperstellen sensibilisierend in den Abend mit einbeziehen, eine exponentielle Verstärkung von Erotik oder Ablehnung bei der Frau bemerkbar machen. Sie können also ganz viel richtig machen, aber auch sofort hochkant vom Spielfeld fliegen.

Die Brüste einer Frau in dieser Situation so zu kontaktieren, dass sie es als überaus angenehm empfindet und mehr davon möchte, ist der Hochschulabschluss des hier präferierten TAGESABSCHLUSSES. Fast alle Männer machen es falsch, aber wenn **Sie** es richtig machen, wird die Frau Ihre Kompetenz in der Weise anerkennend zu schätzen wissen, dass sie mehr davon einfordert – und das wird Sie später zielsicher zu Stufe 6 (Küssen) führen.

Die Brüste einer Frau auf dem Weg zum TAGESABSCHLUSS – Hände weg!

Ja, meine Herren, Sie haben richtig gelesen! Das absolut Entscheidende auf dieser Stufe ist, dass Sie um Gottes Willen niemals mit Ihren Händen die Brüste der Frau berühren!

»Hands off!« – Prägen Sie sich das unauslöschlich in Ihr Gehirn. Sie sind kein Busengrabscher.

Dennoch spielen die Brüste der potenziellen TAGESABSCHLUSSGEFÄHRTIN eine ganz entscheidende Rolle an dieser Stelle. Sie müssen eine Berührung wagen, denn es kann die bereits prickelnde Situation extrem positiv verstärken. Aber dabei beachten Sie bitte unbedingt die folgenden Aspekte:

Sie bleiben weiter in ein humorvolles, stilvolles und anregendes Gespräch (wie auf Stufe 4 erläutert) vertieft. Sie stehen nahe beieinander und flüstern sich ab und zu auch einmal gegenseitig etwas ins Ohr, das hat schon eine hübsche Prise Erotik.

Halten Sie Ihr Getränk jetzt mit beiden Händen seitlich vor Ihrer Brust und stehen Sie ganz nah bei der Frau. Es ist die Standard-»Ich unterhalte mich nur«-Position. Sie können es auch wie Peter machen und den rechten Unterarm mit dem Getränk in der Hand ganz locker und lässig seitlich vor ihre eigene Brust bewegen. Dabei wird nahezu zwangsläufig der Unterarm oder der Handknöchel des Mannes mit der Brust der Frau in Kontakt kommen, aber nur ganz nebenbei, ganz sacht, ganz beiläufig und wie zufällig, um sich danach wieder weich zu lösen.

WICHTIG: Lenken Sie keinerlei Aufmerksamkeit auf diese Berührung!

Entschuldigen Sie sich nicht, kommentieren Sie es nicht! Sagen Sie nicht so etwas wie: »Ups, sorry, das war aus Versehen! Deine Brüste, hui, die springen einen ja fast an. Mann oh Mann! Na, Ihr zwei? Alles okay?« Es geschieht beiläufig nebenher, ein Nebeneffekt des Flüsterns, bei dem man sich ohnehin so weit nach vorne lehnen muss.

An dieser Stelle wird in diesem Buch etwas Interessantes passieren. Die weiblichen Leserinnen werden aus der Distanz des Lesens heraus eine fragend-misstrauische, vielleicht sogar ablehnend-verneinende Meinung von der B & B-Methode haben. Das liegt ganz einfach daran, dass bei Frauen der Zauber des Augenblicks, das Gefühl der Erotik immer dann sofort verflogen ist, wenn die Dinge ausgesprochen oder konkret thematisiert werden. Schlimmer wird es noch, wenn analytisch von »Methode« gesprochen wird. Daher ist es auf den 7 goldenen Stufen zum perfekten TAGESABSCHLUSS ja auch so wichtig, meine Herren, dass Sie das im Gespräch mit der Frau nicht zum Thema machen! Genießen Sie die Stufen, ohne darüber zu sprechen, was Sie da tun. In diesem Buch kommen wir an dieser einen Stelle leider nicht darum herum, die für Frauen hochbrisanten Schlüsselwörter zu verwenden. Denn ohne dies wäre den männlichen Lesern nicht zu vermitteln, wie sie hier richtig weitermachen sollen. Männer brauchen viel mehr System, klare Benennungen und Methoden, um das subtile Spiel zu verstehen.

Sobald Sie die B & B-Methode zum ersten Mal angewandt haben, wird sich ohnehin sofort zeigen, ob und wie es weitergeht.

Wenn die Frau das nun schon recht intime Gespräch (die Inhalte und Themen werden natürlich, wie bereits erwähnt, nicht intim! – Beachten Sie die Hinweise zur Themenauswahl auf Stufe 4!) mit Ihnen weiterführt, dann haben Sie grünes Licht, um die B & B-Methode ein weiteres Mal anzuwenden, aber werden Sie jetzt auf keinen Fall zu forsch oder gar frech.

»Hands off!« gilt noch bis Stufe 7!

Machen Sie einfach ganz beiläufig weiter mit dem guten Gespräch, haben Sie Spaß miteinander, lachen Sie, wenn es passt, und kommen Sie ab und zu zart in Kontakt mit der leicht vorgestreckten Oberweite der Dame vor Ihnen.

Nur und ausschließlich dann, wenn Sie bis hierher **alles** vorangegangene richtig gemacht haben, werden Sie damit Erfolg haben, sonst sind Sie sofort raus! Aber wenn Sie bis hierher jede Stufe beachtet haben, dann ist dies der sichere Auslöser für eine hochgradig erotisierte Situation.

Fassen wir das Wichtigste in Bezug auf die ersten Körperkontakte zwischen Mann und Frau für Männer hier übersichtlich in einem kleinen Strukturablauf zusammen …

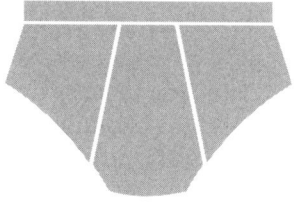

Die ersten Körperkontakte auf Stufe 5 –
Wie deuten Sie die Signale richtig?

1. Sie probieren das **Flüstern** mit Lippen-Ohr-Kontakt:

Möglichkeit a): Die Frau dreht sich weg, baut mehr Distanz auf, heißt: Das war's, Ende!

Möglichkeit b): Die Frau fragt sinngemäß: »Was hast Du gesagt?« und wendet sich erneut zum Mann hin, heißt: »Das war schön, mach das noch mal!«

2. Sie probieren **Beinkontakt** – Ihre Beine berühren ihre Beine:

Möglichkeit a): Die Frau dreht sich weg, baut mehr Distanz auf, heißt: Das war's, Ende!

Möglichkeit b): Die Frau schmiegt ebenfalls ein Bein an Ihres, heißt: »Na, endlich kommen wir uns näher, Erlaubnis erteilt.«

3. Sie wagen einen beiläufigen **Körperkontakt mit der Oberweite** der Frau:

Möglichkeit a): Die Frau dreht sich weg, baut mehr Distanz auf, heißt: Das war's, Ende!

Möglichkeit b): Die Frau erstarrt, schaut Sie entsetzt an, dreht sich weg oder verpasst Ihnen eine Ohrfeige, heißt: »Bist Du bescheuert? Hast Du das Buch nicht richtig gelesen? Bis hierher war's noch schön, aber nun hast Du doch gegrabscht, du blöder Idiot!« – Sie bekommen möglicherweise eine Anzeige wegen sexueller Belästigung.

Möglichkeit c): Die Frau unterhält sich weiter wie vorher mit Ihnen, bewegt ab und zu ihrerseits die Weichheit ihres Oberkörpers in Ihre Richtung und haucht beim Flüstern ein wenig mehr und ihr Puls hat sich erhöht, heißt: »Du Schlingel, woher wusstest Du, was Du jetzt tun musstest? Mach weiter so.«

Stufe 6 zum perfekten TAGESABSCHLUSS: Der erste Kuss – Wie macht Mann das?

Vera legt ein Bein über Peters Knie, dreht sich auf dem Sofa zu ihm hin und flüstert in sein Ohr: »Was war Dein bisher gefährlichstes Erlebnis beim Tauchen?«

»Mein gefährlichstes Erlebnis?« Peter schaut ihr in die Augen, beugt sich ein Stück weiter nach vorn, als wollte er ihr eine Antwort ins Ohr flüstern und küsst sie dann auf den Mund. Vera öffnet seufzend ihre Lippen und sucht seine Zunge mit der ihren.

Auf Stufe 5 sind Sie sich schon sehr nahegekommen. Nun dürfen Sie ausprobieren, ob die Frau Lust auf einen ersten Kuss hat. **Ohne ein rundherum gelungenes Kuss-Erlebnis wird die Frau Sie niemals bis zur nächsten Stufe und damit in ein Bett begleiten.**

Dazu ist es abermals von größter Bedeutung, dass Sie bitte feinfühlig auch auf unterschwellige Signale der Frau achten, die eine eventuelle Grenze signalisieren. Oberstes Gebot bei allen 7 goldenen Stufen zum TAGESABSCHLUSSGEFÄHRTEN ist: Die Frau kann jederzeit und ohne jede weitere Erklärung und Begründung aussteigen oder die ganze Sache abbrechen. Sie sind dann weder gekränkt (das wären Sie nur, wenn Sie ein schwaches Selbstwertgefühl hätten) noch reagieren Sie auf andere Weise irgendwie eingeschnappt.

Wenn die Frau Sie auf den goldenen Stufen bisher gerne begleitet hat, dann stehen die Chancen nicht schlecht, dass Sie sie nun bald küssen dürfen. Wie stellen Sie das an? Sie sollten zunächst die Location wechseln und dann aktiv einen Kuss einleiten.

Kleiner Ortswechsel

Der Grund, warum es hier auf Stufe 6 so elementar ist, den Ort zu wechseln, ist der: Ein Kuss stellt eine wesentlich höhere Art von Intimität dar, als es Gespräche, Flüstern oder die in Stufe 5 beschriebenen Körperkontakte tun. Sie sollten dafür den Wirbel um sich herum verlassen, auch die Menschen, die Sie umgeben haben, sollten Sie nun hinter sich lassen.

Am besten begeben Sie sich in eine ruhigere Ecke des Clubs, in den dortigen Lounge-Bereich, oder, wenn es warm ist, nach draußen.

»Und wie leite ich den Kuss jetzt konkret ein?« – Diese Frage wird von nahezu allen Männern immer wieder neu gestellt.

Das Wichtigste vorab: Fragen Sie eine Frau niemals, ob Sie sie küssen dürfen!

Vermeiden Sie es generell, das zu verbalisieren, was Sie tun möchten. Reden Sie nicht übers Küssen, tun Sie es!

An dieser Stelle aber noch einmal ein Warnhinweis zur Erinnerung: Sie haben selbstverständlich nicht vergessen, was Sie in Stufe 2 über Körperpflege gelernt haben, oder? Die ganz einfache Frage muss jetzt lauten: »Riecht es in oder sogar aus Ihrem Mund?«

Wenn ja, dann wird es nämlich nichts mit dem Kuss.

Vermeiden Sie bestenfalls bereits mindestens 48 Stunden bevor Sie in Stufe 2 die ausgewählte Location betreten, unbedingt folgende Dinge an oder in Ihrem Mund:

Geruchauslösende Flüssigkeiten, geruchauslösende feststoffliche Nahrungsmittel und Rauchwaren jeder Art.

Meiden Sie Bier, Döner, Käse, Knoblauch, Zwiebeln, Zigaretten und alles, was bei Ihnen persönlich zur Geruchsbildung im Mund und Rachen beitragen kann.

Sie wollen es also tun. Dann gibt für den hier präferierten, perfekten TAGESABSCHLUSS zwei sehr gute Methoden, um die Frau zu küssen, meine Herren:

1. Küssen beim Flüstern

Sie waren ja schon an ihrem Ohr, nicht wahr? Gehen Sie noch einmal dorthin, flüstern ihr wieder etwas ins Ohr und dann küssen Sie das Ohrläppchen der Frau mit den Lippen (nicht feucht!) und ohne Zunge. Wenn die Frau leicht den Kopf zur Seite neigt und nahe bei Ihnen bleibt, dürfen Sie noch einmal küssen, jetzt dürfen Sie den Halsansatz der Frau unterhalb vom Ohrläppchen küssen, bitte weiterhin ohne Zunge. Beachten Sie dabei unbedingt weiter die oben formulierte Ausstiegsklausel für die Frau, die hier jederzeit abbrechen kann.

Wenn die Frau sich von Ihnen Ohrläppchen und Halsansatz küssen lässt, dann schauen Sie ihr nach dem wohligen Genuss abermals in die Augen und nähern Sie sich ihr dann ganz langsam zu einem ersten Kuss auf den Mund. Wenn die Frau Ihnen jetzt entgegenkommt, was sehr wahrscheinlich ist, BINGO!, haben Sie hier den ersten richtigen Kuss.

Wenn Ihnen die Frau den Zeigefinger auf die Lippen legt, dann kann es einerseits sein, dass die Frau von der immer gültigen Ausstiegsklausel Gebrauch machen möchte, oder, und das könnte auch sehr spannend werden, die Frau wird Ihnen nun die Regie des Abends aus der Hand nehmen. Das heißt, ab hier übernimmt die Frau und Sie lassen sich führen.

2. Küssen beim Gehen

Die Frau geht mit Ihnen irgendwohin, wohin, ist völlig egal. Ob Sie auf dem Weg zu einer neuen Location sind, sich durch den Club bewegen oder ob Sie schon zum Taxi gehen, spielt keine Rolle.

Während Sie neben der Frau hergehen, nehmen Sie ihre Hand, so als wollten Sie sie durch die Menschenmassen des Clubs leiten oder Sie leicht führen. Körperkontakt durch Händchenhalten ist an dieser Stelle eine schöne Sache, um Verbundenheit und Vertrauen zu signalisieren. Es ist einerseits unschuldig, aber doch intim, und Frauen mögen es auf dieser Stufe sehr. Dann gehen Sie eine kurze Weile so, drehen sich dann zu ihr um und ziehen Sie die Dame mit leichtem Schwung an sich, ohne an ihr zu reißen. Halten Sie weiter Händchen und führen Sie die Dame ganz nah an sich heran, bestenfalls sollten sich jetzt ihre Hüften berühren. Dann schauen Sie ihr noch einmal in die Augen und küssen Sie.

Verstehen Sie das Ganze als eine Art Tanz. Dadurch, dass Sie, meine Herren, die 7 goldenen Stufen, die Sie hier erlernen, anwenden, führen Sie, wie ein guter Tänzer, durch ein geschmeidiges Miteinander am Abend.

Wenn die Frau Lust hat zu tanzen, fordert sie Sie in Stufe 2 zum Tanz auf. Dann freut sie sich über einen guten Tänzer, der sie feinfühlig und respektvoll führt. Führen Sie sie also auf den 7 goldenen Stufen und treten Sie ihr nicht auf die Füße, indem Sie auch nur einen der oben erwähnten Fehler begehen.

Es gibt aber auch Frauen, die irgendwann gerne selbst den Tanz weiterführen und den weiteren Verlauf des Abends in die Hand nehmen. Dann freuen Sie sich darüber, ab jetzt lassen Sie sich führen und überraschen, was der Abend für Sie beide noch bereithält.

Sie als selbstbewusster Mann werden auch damit sehr souverän umgehen. Die Frau darf und kann Ihnen jederzeit die Führung des Abends abnehmen und sie darf Stufen überspringen. Sie werden sicher nichts dagegen haben, mit der Frau von Stufe 3, 4 oder 5 direkt zu Stufe 7 überzugehen, oder? Das geht aber nur, wenn die Frau Ihnen bereits die Führung aus der Hand genommen hat und dies eindeutig wünscht. Sie als Mann dürfen das niemals so machen, sonst wird es nichts mit dem TAGESABSCHLUSS, vergessen Sie das NIE!

Jeder Mann ist anders und auch die Art, wie ein Mann küsst, kann sehr unterschiedlich sein. Für Männer werden die folgenden Zeilen eine Sache der Selbsterkenntnis sein.

Für Sie, meine Damen, werden sie dahingehend überaus erhellend sein, wie Sie an den unterschiedlichen Kussarten männlicher Küsser einen passenden TAGESABSCHLUSS-GEFÄHRTEN erkennen.

Die unterschiedlichen Küsser-Typen

Es gibt verschiedene Arten von männlichen Küssern. Beginnen wir mit denjenigen, die einige der Hauptfehler beim Küssen einer Frau begehen. Die wichtigsten Arten und ihre Auswirkungen auf die weibliche Libido schauen wir uns hier kurz an:

1. Der nicht optimale männliche Küsser – »Aua, würg und gähn!«

a) Der Sauger – Dieser Mann saugt sich regelrecht am Mund der Frau fest (»aua«), wie diese Putzerfische, die im Aquarium immer an der Scheibe kleben. Die Frau muss dabei die ganze Zeit durch die Nase atmen, was fürchterlich anstrengend sein kann.

b) Der Beißer – Der Beißer knabbert, knuspert und beißt in die Ohrläppchen, die Lippen und sogar mal in die Zunge der Frau. Sie möchte sich besser nicht vorstellen, was dieser Mann auf Stufe 7 mit ihr anstellen würde (»noch mehr aua!«).

c) Das Chamäleon – Das männliche Chamäleon hat eine blitzflinke Zunge, die mitunter pfeilschnell bis in tiefere Regionen des weiblichen Mundes vorzudringen in der Lage ist. Libellenflügelartig flattert die Zunge dieses Mannes hin und her und hält nicht still. Die Zunge dieses Mannes rührt, erforscht und zuckt durch den Mund der Frau. Auch ihre Zunge und die Lippen werden so bearbeitet. Die Frau muss hierbei aufpassen, dass sie ihren Würgereiz unter Kontrolle bekommt (»würg«).

d) Der Zögerliche – Zögerliche Männer küssen auch so. Irgendwie nach Erlaubnis fragend tastet er ziemlich unbeholfen nur ganz vorne an ihren Lippen herum, obwohl sie ihm schon mehr als deutlich zu verstehen gegeben hat, dass er mehr darf, soll und muss (»gähn!«).

Es gibt auch Mischformen dieser Küsser, wobei sich die Wirkung auf die Frau dann dementsprechend verstärkt. Natürlich kommen Küsser der bis hierher genannten Kategorien so gut wie nie bis zur goldenen Stufe 7. Mit einer Ausnahme vielleicht: Das Chamäleon.

Das Chamäleon kann für manch eine Frau sogar ein bevorzugter Kandidat für Stufe 7 sein, obwohl er sich als Küsser eher disqualifiziert hat …

2. Der optimale männliche Küsser – gelernt ist gelernt

Der optimale Küsser wird von der Frau sofort erkannt und er hat logischerweise die besten Aussichten, als perfekter TAGESABSCHLUSSGEFÄHRTE auserwählt zu werden. Ein erfahrener Küsser führt den oben beschriebenen Tanz geschickt mit Mund und Zunge weiter. Ein perfekter Küsser reagiert sensibel auf die Kusssignale der Frau und passt sich den individuellen Kussvorlieben der Frau an, die natürlich von Frau zu Frau sehr unterschiedlich sein können.

Genau deshalb sind übrigens sämtliche Kussanleitungen für Männer völliger Quatsch, denn jede Frau ist insbesondere beim Küssen sehr eigen. Es gibt gewisse ausschließende Kusskriterien, wie wir bei den unerfahrenen Küssern gesehen haben, aber es gibt kein Patentrezept.

Es gibt nicht die eine Kusstechnik, mit der Sie jede Frau begeistern werden.

Der Unterschied zwischen dem nicht optimalen und dem perfekten Küsser liegt nicht selten bereits in der Pubertät des Mannes und in seinen Erfahrungen mit Frauen begründet. Dabei spielt die Anzahl seiner Erfahrungen nicht unbedingt die entscheidende Rolle. Was vielmehr von größter Wichtigkeit ist, ist die Frage, ob dieser Mann fundiertes Kussfeedback von den bisher von ihm geküssten Frauen erhalten hat oder nicht.

Wie so oft liegt das Problem bei nicht optimalen Küssern sowohl auf männlicher als auch auch weiblicher Seite. Es gibt Männer, die machen irgendwann im frühen Mannesalter ihre ersten Erfahrungen mit dem Küssen und solange die Frau nichts sagt oder ihm eine Ohrfeige verpasst, denkt er, dass er wohl ein guter Küsser sein muss. Viele Frauen ertragen einen schlechten Küsser eine Zeit lang, ohne ihm beizubringen, wie er es besser machen könnte. So erziehen Sie, meine Damen, Generationen schlechter männlicher Küsser. Das ist sowohl für die Männer als auch für die Frauen danach überaus schade. Meine Herren, bevor Sie sich auf Stufe 6 zum perfekten TAGESABSCHLUSS begeben, sollten Sie ein guter Küsser sein! Bevor Sie sich für einen tollen Küsser halten, sollten Sie überlegen, ob Sie mindestens drei Frauen in Ihrem Leben benennen können, die Ihnen das amtlich bestätigt haben. Sind Sie jemals aktiv von Frauen angeleitet worden, wie Sie optimal zu küssen haben? Bestenfalls sollte das zwischen Ihrem 16. und 21. Lebensjahr ausführlich geschehen sein. Aber auch danach lernt man nie aus.

Praxistipp für gute Küsse

An die Männer: Um noch besser zu werden, haben Sie hoffentlich bei Ihren bisherigen Partnerschaften öfter mal ein Kussfeedback eingeholt? Wie oft haben Sie eine Ihrer früheren Partnerinnen gefragt: »Sag mal ganz ehrlich, was könnte ich beim Küssen noch besser machen? Kannst Du mir das zeigen?«

Das muss natürlich vor Ihrer Zeit als TAGESABSCHLUSSGEFÄHRTE passieren, denn diese Frage funktioniert nur gut in einer Partnerschaft. Beim zwanglosen TAGESABSCHLUSS disqualifiziert Sie diese Frage sofort. TAGESABSCHLUSSGEFÄHRTINNEN sind anspruchsvoll und wollen einen voll ausgebildeten, erfahrenen Küsser, der die individuellen Kussvorlieben der TAGESABSCHLUSSGEFÄHRTIN erkennt und perfekt bedient.

An die Frauen: Meine Damen, wenn Sie eine Beziehung haben, tun Sie sich selbst einen Gefallen und leiten Sie einen unbeholfenen, unerfahrenen Küsser aktiv an. Männer möchten beim Küssen gute Dienstleister sein und freuen sich über ein konstruktives Feedback. Ich weiß, dass es vielen Frauen schwerfällt, aber hier sollten Sie aktiv werden und dem Mann helfen, mit dem Sie eine Partnerschaft haben. Wenn er noch nicht optimal küsst, sagen Sie einfach so etwas wie: »Ich küsse Dich gern und ich glaube, wir könnten das Erlebnis für uns beide noch schöner machen, wenn wir es noch ein klein wenig verändern. Darf ich Dir zeigen, was ich meine? Bist Du generell daran interessiert, noch besser zu werden, damit ich noch mehr Lust auf Dich bekomme?«

Bei einem so oder ähnlich formulierten Kuss-Nachhilfe-Angebot wird kein halbwegs an Ihnen interessierter Mann »Nein« sagen. Und Sie als Frau werden von seinen neu erlernten Kussfähigkeiten enorm profitieren.

Wenn Sie, meine Herren, beim Küssen noch unerfahren sind, dann sammeln Sie Erfahrungen, um besser zu werden. Immerhin wissen Sie ja schon, wie Sie flink bis zu Stufe 6 (dem Küssen) kommen. Wenn Sie dort immer öfter bemerken, dass die Frauen nicht weitergehen möchten, dann sagen Sie ruhig etwas so Defensives wie: »Okay, ich glaube, meine Küsse sind nicht so ganz Dein Fall, oder? Magst Du mir zeigen, wie ich es besser machen kann und wie es Dir gefällt?«

Sie werden dann an dem Abend natürlich kein TAGES-ABSCHLUSSGEFÄHRTE mehr sein können, denn, wie schon gesagt, TAGESABSCHLUSSGEFÄHRTINNEN sind anspruchsvoll. Aber Sie haben vielleicht Glück und bekommen gratis Kuss-Nachhilfe von einer erfahrenen Frau, was Ihnen später bei anderen Frauen nur nützlich sein kann.

So werden Sie ganz allmählich ein besserer Küsser und sammeln schlussendlich die nötige Kusserfahrung, um irgendwann die Frauen treffen zu können, die von Ihren Küssen so begeistert sind, dass Sie mit Ihnen den perfekten TAGES-ABSCHLUSS feiern möchten.

Stufe 7 zum perfekten TAGESABSCHLUSS: Das große Finale

Vera löst sich mit klopfendem Herzen aus Peters Kuss, atmet tief durch und haucht ein »Wow!« an seine Ohren. Sie lacht. Peter lächelt zurück, sieht mit einem Seitenblick, dass die meisten Gäste den Club bereits verlassen haben, es ist weit nach Mitternacht. Entschuldigend hebt Peter beide Augenbrauen und sagt: »Weißt Du was, Vera? Ich kriege Hunger. Ich hätte Lust, jetzt noch eine Kleinigkeit mit Dir zu essen. Ich habe bei mir zu Hause einen ganz frischen Salat mit Baguette, was Leichtes. Hast Du Lust, mir in der Küche beim Dressing zu helfen?«

Vera legt ihren Kopf ein wenig schräg, schmunzelt und nickt: »Okay. Ich mache ein super Dressing!«

Nach einer kurzen Taxifahrt und leidenschaftlichen Küssen auf der Rückbank öffnet Peter die Tür zu seiner Wohnung im dritten Stock. Vera wartet an der Schwelle zur Tür, als er ihre Hand nimmt und ihr ins Ohr raunt: »Magst Du Thunfisch im Salat oder willst Du ihn lieber vegetarisch?«

Vera lächelt: »Mir kommt es auf das Dressing an.«

Sie betritt die geschmackvoll eingerichtete Wohnung und schaut sich um. Peter eilt in die Küche und holt tatsächlich Salatzutaten aus dem Kühlschrank. Dazu hält er einladend eine Flasche Sekt hoch. Vera nickt, streift sich die Pumps von den Füßen und fragt: »Wo ist das Badezimmer?«

»Vorne rechts.« Peter neigt seinen Kopf aus der Küche und zeigt auf die Tür neben dem Eingang.

Vera huscht ins Badezimmer und Peter öffnet die Flasche Sekt. Als Vera lächelnd aus dem Badezimmer kommt, kann sich Peter einen stillen, sehnsüchtigen Seufzer nicht verkneifen. Vera sieht wirklich umwerfend aus. Sie steuert nun zielsicher auf Peter zu, der zwei halbvolle Sektgläser in den Händen hält. Er reicht ihr ein Glas, sie prosten sich mit einem schmunzelnden Nicken zu und trinken den prickelnden Schaumwein, ohne dabei die Blicke voneinander abzuwenden.

Vera tritt noch einen Schritt auf Peter zu und reicht ihm ihr Glas. Kaum hat er beide Gläser auf den Wohnzimmertisch gestellt, dreht er Vera zu sich, küsst sie und beginnt damit, zärtlich ihre Bluse aufzuknöpfen. Während er sie weiter den Hals hinab bis zwischen ihre Brüste küsst, wirft Vera ihren Kopf in den Nacken und stöhnt kurz leise auf. Peter trägt sie ins Schlafzimmer, lässt sie sanft aufs Bett sinken und küsst ihren nun nackten Bauch. Vera streicht mit ihren Händen durch Peters Haare und hebt ihr Becken an, damit er sie geschickt aus ihrer Hose befreien kann.

Wenn Sie bis Stufe 6 alles richtig gemacht haben, wird es Ihnen ganz ähnlich ergehen. Auf Stufe 6 küssen Sie sich also! Wunderbar, allein so schnell bis hierher gekommen zu sein, zeigt Ihnen auf jeden Fall, dass Ihr aktueller Marktwert ziemlich hoch einzuschätzen ist, was ja schon einmal ein sehr positiver Nebeneffekt ist, oder? Genießen Sie den Augenblick und küssen Sie die Frau beziehungsweise lassen Sie sich küssen. Küssen ist doch eine ganz wunderbare Sache und überaus gesund, wie zahlreiche Studien belegen.

Vielleicht reicht es Ihnen auch, eine Frau am Abend nur zu küssen? Dann ist das auch gut und natürlich völlig in Ordnung, aber Sie haben dann wohl eher nicht das konkrete Ziel, ein TAGESABSCHLUSSGEFÄHRTE zu sein, sondern Sie wollen vielleicht nur Ihren aktuellen Marktwert testen. Oder sind Sie vielleicht sogar offen für eine neue Partnerschaft?

Das alles ist völlig legitim und Sie sehen hier, dass die 7 goldenen Stufen zum TAGESABSCHLUSSGEFÄHRTEN bis zur Stufe 6 auch für andere Zielvorgaben hervorragend funktionieren.

Aber wenn Sie wirklich ein echter TAGESABSCHLUSS-GEFÄHRTE sein wollen, wenn Sie eine Partnerin für eine Nacht ungehemmten Spaßes suchen, dann sollten Sie auch die Stufe 7 beherzigen, denn hier zeigt sich ganz klar, welche Absichten die Frau Ihnen gegenüber hegt. Wenn nicht schon in Stufe 6, dann spätestens hier wird die Frau Farbe bekennen und einem unverbindlichen Flirt ein Ende machen oder sich ebenfalls dazu bekennen, dass Sie auf der Suche nach einem passenden TAGESABSCHLUSSGEFÄHRTEN ist.

Wie erfahren Sie nun, wie weit die Frau heute Abend mit Ihnen gehen will? Sie dürfen sie natürlich nicht direkt fragen, das sollte Ihnen jetzt aber schon klar geworden sein, oder? »Gehen wir zu Dir oder zu mir?« funktioniert nur in billigen Filmchen für notleidende Männer, nicht in der Realität.

Sobald Sie merken, dass die Küsserei auch der Frau ganz wunderbar viel Spaß macht, fragen Sie die Frau irgendwann lieber, ob sie die vielen Menschen und die hohe Lautstärke der Musik (die Ihnen bisher ja überaus nützlich war) nicht auch ein bisschen lästig findet. Fragen Sie so etwas wie: »Hast Du Lust, irgendwo hinzugehen, wo es nicht so laut ist und nicht so viele Leute zuschauen?«

Dann warten Sie ab, was die Frau erwidert und wie sie reagiert. Ergänzend können Sie noch fragen: »Wollen wir noch irgendwo anders in aller Ruhe eine Kleinigkeit trinken (oder essen, oder Party machen)?«

Wie immer gilt auch hier: Nicht auswendig lernen, sondern situationsgemäß eine eigene Variation einbringen, die das gleiche Ziel hat, nämlich die bisherige Location vollständig zu verlassen und einen Ort aufzusuchen, der für den gemeinsamen TAGESABSCHLUSS mit einem Bett geeigneter ist.

An dieser Stelle dürfen Sie ruhig offen einen vollständigen Ortswechsel ansprechen, ohne konkret zu sagen, was Sie an dem anderen, stillen Ort ohne andere Menschen noch vorhaben. Das weiß die Frau nämlich schon lange, aber auch hier gilt: Sprechen Sie es nicht aus, was Sie da tun möchten.

Für Frauen gibt es nichts Abtörnenderes als einen Mann, der ausspricht, was in Bezug auf Leidenschaft gerade geschieht oder was als Nächstes passieren könnte.

Stellen Sie sich das doch einmal vor. Sie küssen sich auf Stufe 6 ganz leidenschaftlich und sagen dann zu der Frau so etwas wie:

»Ah, so zu küssen, das tut gut, oder? Nun, jetzt, wo wir uns so schön küssen und beide schon richtig heiß aufeinander sind, könnte ich mir gut vorstellen, dass auch Du in der angemessenen Stimmung für weitergehende, ja geradezu sexuelle Vergnügungen an einem Ort Deiner Wahl bist. Wir finden uns attraktiv, hatten ein gutes, sehr lustiges und mitunter sogar tiefgründiges Gespräch. Wir hatten ersten Körperkontakt mit den Beinen und ich habe auch leicht Deine Brust gespürt, als wir uns näher kamen. Ich hatte stark den Eindruck, dass Dir das auch gefallen hat, da Du diese Art von Körperkontakt des Öfteren erneut proaktiv gesucht hast. Die nachfolgenden Küsse waren, und da wirst Du mir hoffentlich zustimmen, von überaus erotischer Leidenschaft geprägt und ich bin heilfroh, dass ich seit vorgestern auf mein täglich Döner verzichtet habe. Was also könnte dagegen sprechen, nun unserer Leidenschaft freien Lauf zu lassen und uns nackig durch ein Bett zu wälzen, bis wir schwitzend und befriedigt zum krönenden Abschluss des Abends gekommen sind?«

Sprechen Sie auf den 7 goldenen Stufen zum perfekten TAGES-ABSCHLUSS niemals aus, was Sie tun. Die Frau weiß ohnehin schon lange, was hier los ist. Es braucht aber dennoch die hier beschriebenen Spielregeln, damit es nun weitergeht.

Wenn Sie bis hierher einvernehmlich gemeinsam die 7 goldenen Stufen erklommen haben, können Sie nun den Übergang vom reinen Küssen zum nächsten Schritt einleiten. Am besten durch die Frage nach einem Ortswechsel: Dorthin, wo Sie beide noch etwas essen oder trinken oder tanzen können. Wenn Sie bisher alles richtig gemacht haben, werden Sie jetzt eine eindeutige Aussage von der Frau bekommen!

Option 1, sie sagt: »Nein, ich gehe nie mit einem Mann gleich am ersten Abend ins Bett!« Sie sehen also, dass die Frau sehr wohl wusste, was Sie vorhaben, und bei einem »Nein!« wird sie dies meistens auch konkret aussprechen, womit es dann tatsächlich nur bis hierher und nicht weitergeht.

Dann bleiben Sie bei Stufe 6 und überlassen der Frau alles Weitere. Es ist wahrscheinlich, dass Sie nicht zur Vollendung der Stufe 7 kommen, aber es ist noch nicht unbedingt ausgeschlossen. Diese Aussage kann nämlich unter Umständen auch bedeuten, dass die Frau durch das in Stufe 2 beschriebene Frauenbild geprägt ist und zwar einerseits schon gerne jetzt mit Ihnen ins Bett möchte, aber andererseits dieses Verlangen noch nicht so ganz zu ihrem Bild von Frau passt, mit dem sie aufgewachsen ist. Beachten Sie bitte unbedingt, dass Sie es absolut der Frau überlassen, wie sie damit umgeht. Drängen Sie nicht, fordern Sie nicht, überrumpeln Sie nicht, starten Sie keine Diskussion über die Rolle von Mann und Frau in unserer Gesellschaft und wie Sie damit umzugehen gedenken. All das katapultiert Sie unweigerlich aus dem bisher Erreichten heraus. Nicken Sie verständnisvoll, nehmen Sie noch einen Schluck kalte Milch und bleiben Sie ruhig, auch wenn Ihnen das in Stufe 6 vielleicht schwerfällt. Sie könnten charmant sagen: »Das kann ich gut verstehen. Ich gehe auch nie gleich am ersten Abend mit einem Mann ins Bett.«

Wenn Sie weiter prima in Stufe 6 unterwegs sind, kann es auch sein, dass die Frau irgendwann doch noch so etwas sagt wie: »Ach, vergiss die Regeln, komm, wir gehen zu mir, aber spätestens um 5.00 Uhr schmeiße ich Dich raus, klar?«

Auch wenn die Wahrscheinlichkeit, dass es so läuft, recht gering ist, sollten Sie sich diese Option weiter offen halten.

Option 2 ist, dass die Frau Ihr Angebot, den Ort zu wechseln, mit den Worten verneint: »Du bist echt süß, aber so läuft das nicht, ruf mich nächste Woche mal an, hier ist meine Nummer, dann können wir uns vielleicht noch mal treffen und uns ein bisschen besser kennenlernen.«

Dann haben Sie die Telefonnummer der Frau und wissen eindeutig, dass es heute keinen gemeinsamen TAGESABSCHLUSS im oben gemeinten Sinne geben wird. Vielleicht haben sich ja auch Ihre Ziele schon im Laufe des Abends gewandelt, was durchaus möglich wäre. Vielleicht sind Sie auf einmal auch nicht mehr nur an einer unverbindlichen TAGESABSCHLUSS-GEFÄHRTIN interessiert, sondern möchten diese umwerfende Frau noch besser und noch näher kennenlernen? Dann tun Sie das und lassen sich nicht aufhalten, nur weil Sie ursprünglich etwas anderes im Sinn hatten. Sie dürfen natürlich auch jederzeit Ihre Ziele, Wünsche und Bedürfnisse anpassen und verändern, Menschen sind keine Maschinen und insbesondere auf den 7 goldenen Stufen zum TAGESABSCHLUSSGEFÄHRTEN werden Ihnen immer wieder neue und faszinierende Dinge passieren, die Ihr Leben bereichern werden. Lassen Sie das zu, seien Sie da flexibel und Sie werden ganz wunderbare und sehr neue Erfahrungen machen.

Oder, **Option 3**, und das wird Ihnen in Stufe 7 eben dann auch tatsächlich passieren, die Frau küsst Sie noch einmal leidenschaftlich, nimmt Sie bei der Hand und sagt: »Okay, lass uns abhauen!« Dann haben Sie eine Frau gefunden, die ganz ähnliche Interessen in Bezug auf den TAGESABSCHLUSS hat wie Sie selbst.

Herzlichen Glückwunsch und viel Spaß!

Stufe 8: Das glückliche Leben als TAGESABSCHLUSSGEFÄHRTE

Vera trinkt das große Glas Wasser in einem Zug aus, als sie sich nach zwei wilden Stunden neben Peter aufs Bett setzt und ihn amüsiert mustert: »Du siehst irgendwie fertig aus«, sagt sie.

Peter lacht: »Das bin ich auch. Du hast mich ehrlich geschafft. Möchtest Du noch einen Schluck Wasser oder Sekt?«

»Nein, danke. Ich bin auch fix und fertig. Wie viel Uhr ist es eigentlich?«

Peter blinzelt auf die Uhr neben dem Bett: »Ach du Schreck! Es ist halb vier morgens? Ich habe um 8.00 Uhr Chorprobe! Ich singe im katholischen Kirchenchor, habe ich das schon erwähnt? Um 9.00 Uhr ist dann die Messe, da müssen wir uns vorher noch einsingen. Gut, dass ich außer dem halben Glas Sekt keinen Alkohol getrunken habe! Soll ich Dich noch kurz nach Hause fahren?«

Vera zieht sich an, winkt ab und schüttelt lachend den Kopf: »Nein, lass mal, ich komme schon klar. Es ist wohl auch besser, wenn Du nicht weißt, wo ich wohne. Nachher bist Du ein ekliger Stalker und lauerst mir ständig auf? – Aber Du kannst mir ein Taxi rufen, Peter.«

Sie beugt sich noch einmal über ihn und küsst ihn auf den Mund: »Das war eine aufregende Nacht, auch wenn wir den Salat dann doch nicht gegessen haben. Mach's gut.«

Drei Wochen später steht Peter, der Chorknabe, neben seinem besten Kumpel Andreas und dessen Braut im Standesamt und kann sich als Trauzeuge ein Grinsen nicht verkneifen. Andreas war vor der Hochzeit zusammen mit Peter und Raimund beim Herrenausstatter und zu dritt hatten sich die Jungs einen großen Spaß daraus gemacht, Andreas für die Hochzeit einzukleiden. Andreas war schrecklich nervös gewesen und Peter hätte fast gesagt: »Warum willst Du eigentlich heiraten? **Warum willst Du eine Frau unglücklich machen, wo Du doch so viele Frauen glücklich machen könntest?** Mach es wie ich, werde TAGESABSCHLUSS-GEFÄHRTE und genieße Dein Leben!«, aber diese Weisheit hatte er sich dann doch lieber verkniffen.

Einige Tage nach der Hochzeit steht Peter nun also am Freitagabend vor seinem Spiegel im Schlafzimmer. Er begutachtet sein neues Outfit, streicht noch einmal die strahlend weißen Laken auf dem frisch bezogenen Bett glatt und begibt sich dann voller Vorfreude in ein neues tagesabschließendes Abenteuer.

Peter fühlt sich rundherum wohl und glücklich.

Von nun an erlebt Peter alle paar Wochen nach Besuchen in den unterschiedlichsten Clubs, Bars, Diskotheken und Partys der Stadt TAGESABSCHLÜSSE mit jeweils anderen Frauen.

Nicole

Peter lächelt charmant, als die Frau mit den kurzgeschnittenen schwarzen Haaren leicht den Kopf neigt und zurücklächelt (Stufe 2). Er geht auf sie zu, stellt sich neben sie an die Bar und stellt sich vor: »Hallo, ich bin Peter, wie heißt Du?«

»Ich bin Nicole.«

»Nicole. Als ich Dich gerade angesehen habe, dachte ich im ersten Moment, ich könnte sagen, welche Sportart Du am liebsten machst. Ich hatte auf Schwimmen getippt, bin mir aber nun nicht mehr sicher.« (Stufe 3)

»Wie kommst Du darauf?«

Peter lächelt: »Nun ja, Du bist groß, schlank, hast eine sportliche Figur und Du trägst Deine wunderbar dunklen Haare ganz kurz. Für eine Schwimmerin wäre das ideal und praktisch dazu und bei Dir sieht es auch noch klasse aus.«

»Ich fahre Motorrad, da sind die kurzen Haare auch praktisch, aber trotzdem Danke für das Kompliment.«

»Motorrad? Super. Was begeistert Dich beim Motorradfahren am meisten?« … (Stufe 4) …

Drei Stunden später (die Vollendung einer schönen Stufe 7) küsst Nicole Peter noch einmal tief und innig und sagt dann zu ihm: »Hör zu, das alles war wirklich schön mit Dir, ein toller Abend, mit dem ich so nicht gerechnet habe, und genau so sollten wir es auch belassen, okay?«

Peter nickt. »Okay.«

Nicole zieht sich an, dreht sich ein letztes Mal zu Peter um und haucht ihm ein »Ciao!« hinüber, als sie die Tür hinter sich schließt. Peter hört noch, wie sich das Geräusch des Motorrades in der Ferne verliert, als er in einen tiefen Schlaf sinkt.

Tanja

… (Stufe 7) »Zieh Dich aus!«, sagt Tanja, lässt sich auf Peters Bett sinken und freut sich über das frisch gewaschene, strahlend weiße Laken. Peter tut, wie ihm geheißen, steht am Ende nackt und ein wenig unschlüssig vor seinem eigenen Bett und fragt: »Und nun?«

Tanja begutachtet seine exaltierte Männlichkeit mit anerkennendem Blick, lächelt und meint: »Komm her und zeig mal, was Du kannst.«

Daniela

… Mit einem langen Seufzer der Erleichterung bäumt sich Daniela ein letztes Mal auf, hebt ihr Becken an, beißt ins Laken und sinkt dann keuchend zurück auf die Matratze.

Zehn Minuten später räuspert sie sich vernehmlich und sagt: »Versteh mich nicht falsch, Peter, es war wirklich eine wunderbare Nacht mit Dir, aber ich muss in vier Stunden schon wieder aufstehen und dann meine Mutter im Krankenhaus besuchen, es geht ihr gar nicht gut. Also, sei mir bitte nicht böse, aber es ist besser, Du gehst jetzt.«

Die schöne Unbekannte

»Trinken Sie lieber Cocktail, Sekt oder wonach ist Ihnen heute Abend?« (Peter auf Stufe 3)

»Ich bin eigentlich eher auf der Suche nach einem TAGES-ABSCHLUSSGEFÄHRTEN«, sagt die Frau im langen, schwarzen Abendkleid und den sündhaft teuren Louboutins an den perfekt pedikürten Füßen kokett. Die Frau übernimmt die Führung und springt direkt in Richtung Stufe 7 – Frauen dürfen das, Männer nicht, wie Sie ja wissen!

Nicht ganz drei Stunden später liegen Peter und die schöne Unbekannte noch ein paar Minuten nebeneinander, bevor sie sagt: »Du musst jetzt gehen. Vielen Dank noch mal für den Drink und den netten Abend.«

Peter lächelt, nickt, kramt seine Sachen zusammen und zieht sich flink an.

Melanie – und es hat ZOOM! gemacht

»Wie kam es dazu?«, fragt Peter interessiert. (Stufe 4)

»Meine Eltern haben mir das Kino vererbt. Ich habe es inzwischen einem großen Franchise angeschlossen, weil wir sonst nicht hätten überleben können. Ich habe selbst einen Haufen Geld investiert, aber es hat sich gelohnt. Inzwischen stehen wir von der Auslastung her auf Platz 5 in Deutschland und machen gute Gewinne.« Melanie hebt eine Augenbraue und nimmt einen Schluck aus ihrem Sektglas.

Peter nippt an seinem Ginger Ale, beugt sich ein wenig weiter vor und spricht leise in Melanies Ohr: »Ich liebe Kino! Wie oft kommst Du denn als Geschäftsfrau auch mal dazu, Dir Filme anzusehen?«

Melanie schaut Peter direkt in die Augen, lächelt nickend, beugt sich dann nah zu ihm hin, berührt dabei mit ihrem Oberkörper seinen Arm (Stufe 5) und flüstert in sein Ohr: »Kennst Du den Film *Cinema Paradiso* von Giuseppe Tornatore?«

Peter nickt: »Die Filmmusik von Ennio Morricone ist Weltklasse!«

Melanie haucht Peter ein »Das ist gut« ans Ohr, bevor sie fort-fährt: »Dann weißt Du ja sicher auch, was bei den dort im Cinema Paradiso gezeigten Filmen für gewöhnlich fehlt?«

»Ja«, sagt er, »die Küsse. Die Filmküsse. Der Dorfpfarrer zen-siert die im Cinema Paradiso gezeigten Filme. Die Handlung des Films spielt ja in den späten 40-er-Jahren auf Sizilien, da war der Dorfpfarrer wohl die entscheidende moralische Instanz. Deshalb muss der Filmvorführer Alfredo alle Kussszenen herausschneiden, bevor ein neuer Film im Dorf gezeigt werden darf.«

Peter und Melanie schauen sich in die Augen und verstehen einander. Weiter als bis Stufe 5 wird Peter bei Melanie heute nicht kommen. Er nickt, lächelt und sagt: »Das Publikum ist natürlich jedes Mal enttäuscht, wenn es den Filmkuss nicht zu sehen be-kommt.«

Melanie neigt ein wenig den Kopf, als sie sagt: »Das Pub-likum wird sich gedulden müssen.« Sie kramt in ihrer Handtasche, holt Zettel und einen Stift hervor: »Ich mache das normalerweise nicht, aber Du hast den Filmtest bestanden und scheinst ganz nett zu sein – hier ist meine Telefonnummer. Wenn Du magst, würde ich mich freuen, wenn wir uns ganz zwanglos noch einmal irgendwo treffen, wo es vielleicht nicht ganz so laut ist, und unser Gespräch über Kino und Filme weiterführen. Wenn nicht, ist das auch okay. Aber jetzt entschuldige mich, ich bin müde und werde jetzt gehen. Es war nett mir Dir.«

Melanie wendet sich ab, dreht sich noch einmal zu ihm um und wirft ihm ein strahlendes Lächeln zu, als sie den Club verlässt. Peter schaut ihr hinterher und fragt sich, woher dieses komische Gefühl kommt, das plötzlich in ihm aufsteigt, wie eine kleine Welle, die größer wird.

»ZOOM!«, murmelt er leise und ist ein wenig verunsichert, als er den Zettel mit Melanies Telefonnummer anstarrt.

Gewandelte Ziele – vom TAGESABSCHLUSS- zum Lebensabschnittsgefährten?

Das Telefon klingelt, Melanie erschrickt leicht und bemerkt amüsiert, wie sich ihr Puls auf einmal beschleunigt hat.

»Hallo, hier ist Melanie.«

»Hallo Melanie, hier ist Peter.«

Eine kurze Pause entsteht, in der Melanie und Peter ganz unterschiedliche Wahrnehmungen und Körperzustände durchlaufen. Melanie hat auf diesen Anruf gehofft, der genau zum richtigen Zeitpunkt kommt, zwei Tage, nachdem sie Peter im Club kennengelernt hat.

Peter war charmant, humorvoll und wirklich sexy gewesen. Außerdem war er Kinofan und kannte sich auch bei den älteren Filmen gut aus, was längst nicht bei allen Männern der Fall war. Auch wenn sie nicht zugelassen hatte, dass er sie küsste, so war es doch ein überaus prickelnder Abend gewesen. Melanie hatte auf Stufe 5 der 7 goldenen Stufen zum TAGESABSCHLUSS das Ruder in die Hand genommen und von der uneingeschränkten Ausstiegsklausel Gebrauch gemacht.

Peter bedauerte das nur ein ganz klein wenig und freute sich darauf, Melanie nun noch etwas näher kennenzulernen. Nach einigen überaus aufregenden TAGESABSCHLUSSGEFÄHRTINNEN war Melanie etwas Neues gelungen, sie hatte erstmals seit langer Zeit in ihm die Möglichkeit geweckt, nicht nur sehr unverbindlich mit einer Frau zu schlafen, sondern eventuell noch engeren Kontakt zuzulassen.

Peter konnte nicht einmal sagen, was genau der Grund dafür war. Bis zur Stufe 5 hatte er bei Melanie das klare Ziel vor Augen, mit ihr bis zu Stufe 7 des perfekten TAGESABSCHLUSSES zu gehen. Aber obwohl (oder gerade weil?) sie noch vor Stufe 6 das Spiel aktiv in eine ganz andere Richtung gelenkt hatte, war seltsamerweise das Interesse bei ihm geweckt worden, mehr über Melanie zu erfahren, sie besser kennenzulernen.

Was Peter hier erlebt, ist der seit Jahrtausenden gültige Zauber, das uralte Geheimnis, aus dem heraus eine engere Bindung zwischen Mann und Frau entstehen kann.

Die Gefahr (oder das Glück?), dass Ihnen so etwas als nun voll ausgebildeter TAGESABSCHLUSSGEFÄHRTE oder fröhliche TAGESABSCHLUSSGEFÄHRTIN widerfährt, ist nicht gering! Gerade weil Sie ziemlich zielführend auf Vertrauen und Nähe in kurzer Zeit hinarbeiten, ist die Wahrscheinlichkeit, dass es bei Ihnen irgendwann »Zoom!« macht, sogar relativ groß.

Sie werden dann nicht sagen können, warum das so ist, was genau der Auslöser war, das ist auch völlig egal. Wichtig ist dabei nur, dass Sie es auf jeden Fall bemerken werden und dann eigentlich nur zwischen zwei Varianten wählen können:

Entweder Sie blocken das Gefühl ab, verdrängen es und machen weiter wie bisher, oder Sie lassen das neue Gefühl zu und ändern Ihre Ziele, so wie Peter. Dann wird Ihre glückliche Zeit als formvollendeter TAGESABSCHLUSSGEFÄHRTE zunächst unweigerlich vorbei sein und Sie stürzen sich in ein neues Abenteuer mit Beziehungsoption.

Der Abend im Club war auch für Melanie wirklich nett gewesen. Peter war charmant, hatte Humor und konnte flirten. Natürlich hatte sie einerseits gehofft, dass er direkt am nächsten Tag anrufen würde, andererseits wäre das aus einer weiblichen Metaebene heraus zu früh gewesen und ein Hinweis darauf, dass Peter zu weich war und ihr möglicherweise hinterherlaufen würde, was Melanie nun wirklich nicht wollte.

Sie mochte Männer, die selbstständig waren und mit ihr auf Augenhöhe umgehen konnten, ohne dominant zu sein.

Hätte sie länger als drei Tage auf den Anruf warten müssen, wäre das nahezu ein Ausschlusskriterium für weitere Begegnungen gewesen, denn dann hätte Melanie gedacht, dass Peter sich entweder nicht wirklich für sie interessierte oder aber ein selbstverliebter Macho wäre, was beides nicht in ihr Konzept von Mann gepasst hätte.

Peter wiederum wartet in der kurzen Gesprächspause am Telefon gespannt darauf, ob sich Melanie überhaupt an ihn erinnert, genau deshalb hat er nicht mehr gesagt als: »Hier ist Peter«. Hätte er im gleichen Atemzug noch gesagt: »Wir haben uns auf der Party vorgestern kennengelernt, wir haben über *Cinema Paradiso* gesprochen«, wäre sein kleiner Test wirkungslos gewesen.

Auch Peter hätte am liebsten direkt am nächsten Morgen bei Melanie angerufen, wusste aber, dass die meisten Frauen das als Zeichen einer nervösen Schwäche des Mannes auffassen, die bereits vieles verderben kann.

Merkwürdig eigentlich, obwohl beide den Abend überaus nett und prickelnd fanden und sich am liebsten so schnell wie möglich wiedergesehen hätten, gab es diese modernen Spielregeln, die zu missachten fatal gewesen wäre. Also zwang er sich zur Selbstdisziplin und geduldete sich zwei Tage, bis er Melanies Nummer wählte und gespannt darauf wartete, ob sie ihn erkennen würde.

»Peter, hi, schön, dass Du anrufst«, kommt es ein wenig zu aufgeregt über Melanies Lippen.

»Ich wollte Dich fragen, ob wir uns mal auf einen Kaffee treffen wollen. – Über Filme reden vielleicht?«

»Klar, gern.«

»Prima, wie wäre es mit morgen Nachmittag um 16.00 Uhr im Café neben dem Schlossplatz, oder passt Dir übermorgen um 18.00 Uhr besser?«

Peter kommuniziert nicht schlecht, er hat sich vor dem Anruf bei Melanie ein klares Ziel gesetzt: Er wollte ein weiteres Treffen mit ihr vereinbaren. Sein ursprüngliches Ziel hat sich gewandelt und er hat sich von den 7 goldenen Stufen zum perfekten TAGESABSCHLUSS entfernt.

Alle im Verkauf geschulten Leserinnen und Leser wissen natürlich, dass es nicht nur im Verkauf unabdingbar ist, dass vor jedem Telefonat ganz klar die Ziele des Telefonanrufs schriftlich fixiert werden, wenn man denn irgendetwas Bestimmtes mit dem Telefonat erreichen möchte. Gute Verkäufer machen das und gelangen so viel öfter zum Abschluss oder zum Vorstellungstermin beim Kunden. Auch Peter hat das sehr schön übernommen. Wichtig dabei ist:

Lassen Sie Ihre schriftlich fixierten Ziele, die niemand außer Ihnen lesen sollte, nie offen herumliegen!

Denn was passiert wohl, wenn Sie die Frau Ihrer Träume später tatsächlich planmäßig zu sich nach Hause in Ihr Bett bekommen haben und diese, während Sie kurz im Bad sind, den alten Zielezettel aus Ihren Tagen als TAGESABSCHLUSS-GEFÄHRTE mit den folgenden Punkten findet:

1. Die Frau anrufen und persönliches Treffen vereinbaren.

2. Beim Vorstellungsgespräch gut zuhören und durch aktives Nachfragen mit weiblichen Kommunikationsfähigkeiten glänzen, dann die Frau nach Hause einladen.
   Hauptziel: Die Frau flachlegen. (Das wäre natürlich wiederum eins dieser Ziele, das dem Grundgedanken dieses Buches komplett widersprechen würde. Aber es gibt ja Männer, die solche Ziele haben …)
   Nebenziel: Die Frau danach möglichst schnell wieder loswerden.

Die meisten Frauen werden wohl eher nicht davon begeistert sein, wie vorsorglich planvoll Sie die Beziehung angegangen sind.

Es ist auch nicht unbedingt besser, wenn die Ziele weniger machohaft sind, wie etwa die folgenden:

Hauptziel: Eine gleichberechtigte Beziehung auf Augenhöhe Realität werden lassen.

Nebenziel: Heirat und vier Kinder – zwei Mädchen, zwei Jungs, jeweils im Abstand von zwei Jahren abwechselnd.

Dennoch wird Ihnen ein solch schriftlich ausformulierter Plan zur Erreichung Ihrer Ziele (wie immer diese auch aussehen mögen) auf jeden Fall mehr helfen, als ein planloses »Rumgeeiere«, denn dann landen Sie am Ende partnerschaftlich sehr wahrscheinlich irgendwo, wo Sie gar nicht hinwollten. Außerdem mögen es viele Frauen durchaus, wenn der Mann weiß, was er will, und nicht wie ein kleiner Schuljunge schüchtern seine eigenen Interessen hinter denen der Lehrerin zurückstellt – auch wenn sie lieber nicht wissen möchte, dass Mann diese Ziele schriftlich fixiert hat.

Und: Nicht nur Männer sollten sich über ihre Ziele im Hinblick auf eine sich neu andeutende Beziehung deutlich im Klaren sein. Auch Frauen sind gut beraten, wenn sie sich immer mal wieder bewusst fragen, was genau sie mit dem neuen Mann anstellen möchten. Das wird Sie, meine Damen, vor so manchem Missgriff bewahren.

»Ich bin beeindruckt«, meint Peter ganz ehrlich, als er Melanie bei ihrem dritten Treffen in dem von ihr geführten Kinopalast besucht und von ihr durch die Hintertüren eines komplexen Systems aus Gängen, Kinosälen und Büros geführt wird.

Das vorangegangene Treffen im Café des Schlossgartens war überaus romantisch, sinnlich und cineastisch gewesen. Beide hatten sich wunderbar amüsiert und Melanie hatte ihn einige Tage später zu sich in das Multiplex-Kino eingeladen.

»Ich möchte Dir noch etwas zeigen, komm mal mit nach oben.« Melanie öffnet die Tür zum Vorführraum des größten der insgesamt zwölf Kinosäle und bittet Peter herein. Peter blinzelt in den nur schwach beleuchteten Raum und fragt: »Keine Filmrollen?«

Peter schaut leicht überrascht und suchend im Raum umher und bestaunt dann den übergroßen Projektor, dessen Linse in den Kinosaal unter ihnen hinaus zeigt.

Melanie lacht: »Nein. Alles digital heutzutage.«

Peter dreht sich zu ihr um, zieht ein gespielt trauriges Gesicht und meint: »Wie schade. Ich hatte fast ein wenig gehofft, hier läge die Filmrolle des Filmvorführers Alfredo aus *Cinema Paradiso* mit all den herausgeschnittenen Kussszenen.«

Melanie geht zwei Schritte auf ihn zu, führt ihren Mund ganz nah an den seinen und flüstert: »Aber hier ist sie doch …«

Sanft suchend schmiegt Melanie ihre Lippen an Peters Mund und streicht mit ihrer Zunge über seine Lippen. Peter schließt die Augen, nimmt sie in den Arm und erwidert ihren Kuss.

»Fehlt eigentlich nur noch die Filmmusik«, denkt er noch, als sich das wohlig warme Gefühl frischer Verliebtheit in seinem Herzen ausbreitet, ohne dass er etwas dagegen tun kann oder will.

Frisch verliebt und wie von Sinnen?

Am Anfang einer Beziehung sind Mann und Frau ganz frisch ineinander verliebt. Eine herrliche Zeit, oder? Sie werden, meine hochverehrten Leserinnen und Leser, da bin ich mir sicher, so eine Zeit auch schon einmal erlebt haben. Vielleicht ist es schon ein paar Jahre her, dass Sie frisch verliebt waren, möglicherweise sind Sie gerade mittendrin in einer solchen Phase? Aber auf jeden Fall werden Sie sich daran erinnern, auch wenn es vielleicht schon Jahrzehnte zurückliegt. Diese Phase vergisst man nicht.

Frisch verliebt zu sein ist ein wunderbarer Zustand der Glückseligkeit. Da stimmt alles, da passt alles zusammen … denken Mann und Frau.

Aber in diesem wundervollen Zustand frischer Verliebtheit gibt es Unterschiede in der Art und Weise, wie sich diese Verliebtheit auf die beiden Menschen auswirkt …

Beginnen wir mit den Frauen

Schauen Sie sich frisch verliebte Frauen an, sie sind Augenweiden. Eine frisch verliebte Frau schwebt wie eine glückliche Blütenfee durch den Alltag und man könnte meinen, sie zöge kleine Blütenwölkchen hinter sich her. Eine frisch verliebte Frau strahlt ihre Glückseligkeit auf ein weites Umfeld aus und beglückt mit ihrem Glück die sie umgebende Umwelt und alle Lebewesen, die sich darin tummeln. Ein ganz besonderes Merkmal frisch verliebter Frauen ist darüber hinaus, dass solche Frauen wunschlos glücklich in sich selbst ruhen. Eine frisch verliebte Frau ist ganz unmittelbar eins mit ihrem innersten glücklichen und einzig wahren Ich, wie es eben nur frisch verliebten Frauen gegönnt ist.

Selbst die eigene Mutter freut sich über alle Maßen mit dem Kind und erkennt ganz richtig: »Mein süßer Schatz ist verliebt! So wunschlos glücklich, so kenne ich mein kleines Mädchen! Schön, dass Du endlich wieder zu Dir gefunden hast, wer ist denn der Prinz auf dem weißen Pferd, der mir mein Mädchen zurückgebracht hat?«

Später dann, im Laufe einer Beziehung, verändert sich die Frau. Frauen, nicht mehr ganz frisch verliebt, sind nämlich auf gar keinen Fall mehr *wunschlos* glücklich. Es bedarf einer ganzen Reihe von erfüllten Wünschen, um eine Frau innerhalb einer Beziehung weiterhin glücklich zu erhalten. Ich rede hier gar nicht von materiellen Wünschen, wie etwa Schmuck oder Geschenken, das sind falsche und völlig überholte Annahmen. Die Frau von heute ist materiell bescheiden, aber nicht weniger wunschlos.

Die Frau hat nun Wünsche, was die Einrichtung der gemeinsamen Wohnstatt, den Inhalt des gemeinsamen Kühlschranks, den Freundeskreis, das Aussehen und die Kleidung des Partners betrifft. Sie hat Wünsche, welche die Kommunikation mit dem Partner und die gemeinsame Freizeitgestaltung angehen.

All diese und noch einige Wünsche mehr wollen erfüllt werden. Es sind Wünsche, die den männlichen Partner konkret fordern, damit sie weiterhin glücklich mit ihm sein kann.

Frisch verliebte Männer

Frisch verliebte Männer hingegen sind so weit von ihrem eigenen Ich entfernt, sind so stark verändert und in ihrer Persönlichkeit verbogen, dass selbst die eigene Mutter den Sohn kaum wiedererkennt und folglich ganz richtig sagt: »Junge, du bist ja so komplett verändert, ich erkenne Dich ja kaum wieder, was ist los? Hast Du Dich verliebt?«

Aber nicht nur die eigene Mutter und seine besten (männlichen) Freunde von früher erkennen den frisch verliebten Mann nicht mehr wieder. Es wird jedem halbwegs erfahrenen Beobachter grell ins Auge springen, wie sich die grundlegende Wesensveränderung eines frisch verliebten Mannes äußert. Er ist dann nämlich jederzeit bereit, all die Sachen mit der Frau zu machen, die er für gewöhnlich nicht machen würde. Es handelt sich dabei um all die Dinge, die Männer nicht mögen und denen sie ablehnend gegenüberstehen. Es gibt einige besonders krasse Beispiele von Tätigkeiten, die Frauen liebend gerne machen und die Männer eigentlich verabscheuen. Hier die 3 bedeutsamsten Dinge in der aufsteigenden Reihenfolge des sich vertiefenden Grabens zwischen Mann und Frau:

Spazierengehen: Viele Frauen gehen gerne spazieren! Das gemeinsame Lustwandeln (Schlendern) mit dem Partner steigert das wohlige Gefühl der Zweisamkeit bei der Frau.

Männer empfinden die Tätigkeit des Spazierengehens als überaus fragwürdig, denn sich ohne ein konkretes Ziel außer Haus fortzubewegen, erscheint ihnen sinnlos. Mann stellt sich folgende Fragen: »Wohin genau gehen wir und warum? Was machen wir da? Was ist der kürzeste Weg? Wann sind wir endlich wieder zu Hause?« Die eigene Wohnstatt sollte aus männlicher Sicht nur dann verlassen werden, wenn es konkrete und gute Gründe dafür gibt.

Bummeln: Für Frauen oft ein Genuss, für Männer ein reines Martyrium. Das haben wir ja weiter vorne bereits festgestellt.

Der Besuch eines Weihnachtsmarktes: Für Frauen ist das fast immer ein romantischer Hochgenuss in der Vorweihnachtszeit. Für Männer ist es der Vorhof zur Hölle!

Mein Tipp

Besuchen Sie zu Forschungszwecken in der Adventszeit einen Weihnachtsmarkt. Und was tun Sie da? Sie beobachten die Paare, die denselben Weihnachtsmarkt frequentieren. Schauen Sie genau hin und achten Sie insbesondere auf die Männer, die sich in Begleitung ihrer Frauen über diesen Weihnachtsmarkt bewegen.

Vorab werde ich Ihnen hier noch in aller Ausführlichkeit darlegen, was echte Männer ohne weibliche Liebesverblendung von einem Weihnachtsmarktbesuch halten: »**Nichts!**«

Männer verachten Weihnachtsmärkte, sie ertragen den Besuch dort nur unter Zuhilfenahme starker Alkoholika, weshalb die Betreiber solcher Märkte genau dafür zahllose Schnapsbuden aufgebaut haben, die ihre Getränke euphemistisch Glühwein, Grog, Lumumba oder Jagertee nennen.

Für gewöhnlich sehen Sie auf Weihnachtsmärkten zwei Arten von Männern:

1. **Männergruppen, die Alkohol konsumieren** und sich an den Schnaps- und Fressbuden zusammenrotten, um den sie umgebenden Wahnsinn mittels der überteuerten alkoholischen und gepanschten Flüssigkeiten zu ertragen.

2. **Männer in weiblicher Begleitung.** Männer dieser zweiten Sorte interessieren uns nun besonders, da es ja um die Veränderungen gehen soll, die frisch verliebte Männer durchmachen. Beobachten Sie also Männer in weiblicher Begleitung auf einem beliebigen Weihnachtsmarkt.

Stellen Sie sich dabei folgende Fragen in den jeweils zwei Kategorien:

Kategorie a) – Reaktionen des Pärchens zueinander

Schlendern beide Hand in Hand oder gar eng umschlungen durch die engen Gassen, die die kleinen Holzhütten dem Publikumsverkehr offerieren? Schauen sie sich immer wieder gegenseitig tief in die Augen? Lachen die beiden viel? Streichen sie ihrem Gegenüber in vermeintlich plötzlicher Stille sanft durchs Haar?

Oder schlurft der Mann eher mit herabhängenden Schultern lustlos neben oder gar hinter seiner Frau her und hat einen leicht abwesend wirkenden Tunnelblick?

Kategorie b) – Reaktionen des Mannes auf den Weihnachtsmarkt

Achten Sie nun unbedingt auch auf die Reaktionen und das Verhalten des Mannes im Hinblick auf sein erweitertes Umfeld auf dem Weihnachtsmarkt. Welches Interesse bringt er den feilgebotenen Waren entgegen? Kann er sich an handgeschweißten Schraubenmännchen erfreuen? Atmet er mit großer Inbrunst die verschiedenen Düfte aus dem Häuschen für ätherische Öle und Räucherstäbchen? Goutiert er mit ehrlicher Begeisterung die mundgeblasenen Weihnachtsglaskugelunikate? Mit welcher Liebe zum Detail streicheln seine Augen die Holzengelchen aus dem Erzgebirge?

Wenn Sie Männer mit weiblicher Begleitung auf dem Weihnachtsmarkt sehen, die sowohl in Kategorie a) *Reaktion zur Partnerin* als auch in Kategorie b) *Reaktion auf den Weihnachtsmarkt* große, ehrliche Anteilnahme und Begeisterung zum Ausdruck bringen, **dann können Sie absolut sicher sein, dass Sie einen frisch verliebten Mann vor sich sehen, der keinesfalls länger als drei Monate mit seiner Angebeteten zusammen ist.**

Oder, und das könnte das Ergebnis Ihrer Beobachtung leicht verfälschen, Sie sehen einen Mann, dessen Partnerin ihn bereits vor dem Besuch des Weihnachtsmarktes komplett mit Glühwein abgefüllt hat. Dann kann der Mann beinahe glaubhaft Begeisterung heucheln.

Um nun den Unterschied zwischen einem betrunkenen und einem frisch verliebten Mann herauszufinden (was nicht immer ganz einfach ist, da sich die Symptome ähneln), rate ich dazu, näher an den Mann heranzutreten, um hören zu können, was er unter Ihrer Beobachtung sprachlich veräußert, während er die mit großer Liebe zum Detail modellierten Engelchen für den Weihnachtsschmuck mustert. Sagt er so etwas wie: »Schau nur, diese wundervoll blauen Augen des Engels. Leider können sie der heiligen Tiefe Deiner Augen nicht annähernd das Wasser reichen«, dann können Sie sicher sein, dass der Mann frisch verliebt ist.

Einen volltrunkenen Mann, der nur aus Gründen jahrelang eingeübter Deeskalationsstrategien seiner Frau zuliebe mit auf den Weihnachtsmarkt gegangen ist, erkennen Sie dagegen an folgendem, lallend vorgebrachten Wortlaut: »Oh, dasss Engelchenn gefäällt mir … hatt abba n knabbes Röckchen an, ob'ss da drunter auch so naturgetreu modelliii… modell … gebaut is?«

Ein Mann, der seit mehr als zwei Jahren mit seiner Partnerin zusammen ist, wird bereits viele ihrer neu hervorgebrachten Wünsche kennen. Um sie weiter glücklich zu erhalten, werden viele Männer eher den Kraftakt vollbringen, mit ihr zusammen auf einen Weihnachtsmarkt zu gehen, als dass sie ehrlich sagen würden: »Nein, ich habe keine Lust, mit Dir auf den Weihnachtsmarkt zu gehen. Weihnachtsmarkt ist nichts für mich, ich hasse Weihnachtsmärkte, geh lieber allein und ohne mich, wenn Du den Besuch dort für erstrebenswert hältst.«
Männer wissen, dass sie die Beziehung sehr schnell komplett gefährden, wenn sie den Wünschen der Partnerin nicht entsprechen. Die eine oder andere Ablehnung wird sicher toleriert werden, aber der Mann sollte sich wohl überlegen, welche angeblichen Gemeinsamkeiten er offen ablehnt, denn zu viele dürfen es aus weiblicher Sicht nicht sein.
Frauen erwarten in einer Beziehung viele Gemeinsamkeiten, sie erhoffen sich eine möglichst große Anzahl von Dingen, die sie zusammen mit dem Partner machen können.
Ein Mann, der einfach sein Ding macht und all die Dinge meidet, die seine Partnerin gerne mit ihm gemeinsam machen

möchte, gilt schnell als Egoist und die Frau fragt alsbald: »Liebst Du mich denn überhaupt noch?« Die wenigsten Männer antworten dann ehrlich: »Aber natürlich liebe ich Dich! Ich habe nur ganz einfach überhaupt keine Lust, die Dinge mit Dir gemeinsam zu machen, die nur Du gut findest.«

Je mehr Dinge es gibt, die Mann und Frau nicht zusammen machen möchten, umso mehr verspürt die Frau eine sich schleichend ausbreitende Trennung zum Mann. Je mehr sie ohne ihn und er ohne sie macht, umso mehr fragt sich die Frau, was in dieser Partnerschaft eigentlich noch für Gemeinsamkeit sorgt. Die Frau kann dann sehr schnell grundsätzlich die Frage nach der Sinnhaftigkeit der Beziehung stellen.

Um genau das zu vermeiden, gehen Männer sogar mit der Frau dorthin, wo sie es eigentlich kaum aushalten: Auf den Weihnachtsmarkt, in Bekleidungsgeschäfte oder latschen mit ihr planlos im Stadtpark umher, einfach so aus Liebe. Männer können da eine beachtliche Leidensfähigkeit entwickeln, um die Frau weiterhin bei sich (und bei Laune) zu halten. Sie können mitunter überaus geschickt Wohlgefallen heucheln, denn die Frau darf nicht merken, dass er eigentlich lieber etwas anderes tun würde, sonst funktioniert der gemeinsame Besuch auf dem Weihnachtsmarkt und die Bummelbegleitung natürlich auch nicht.

Sie sehen also: Frisch verliebte Männer sind unfassbar weit von ihrem eigenen Ich entfernt und kehren im Laufe einer Beziehung immer mehr zu ihrem eigenen, ursprünglichen Ich zurück, wobei einige durchaus glaubhaft noch einige Zeit weiterhin den veränderten Mann vom Anfang der Beziehung vorgaukeln können.

Frisch verliebte Frauen dagegen sind ihrem natürlichsten Ich so nah, so komplett eins und wunschlos glücklich mit ihrem verliebten Ich, wie sie später (leider) nie wieder ganz bei sich sind (schon gar nicht wunschlos).

Wir ziehen zusammen –
Reset, Neustart und von vorne?

»Ich liebe Dich.«

Es ist das erste Mal, dass Melanie ihm dies gesagt hat. Sie hat lange damit gewartet, es auszusprechen, denn sie war sich nicht sicher, wie Peter darauf reagieren würde.

Dem anderen die Liebe einzugestehen, kann gefährlich sein. Melanie hatte ein wenig Angst vor Zurückweisung und davor, dass Peter ihre Liebe vielleicht nicht im gleichen Maße erwidern könnte. Aber nun musste es aus ihr heraus und sie sieht das Glück, das diese drei Worte in seinen Augen auslösen.

»Ich liebe Dich auch!«, flüstert er in ihr Ohr und voller Leidenschaft treffen ihre Lippen aufeinander, suchen ihre Hände den Körper des anderen. Sie saugen einander in sich auf und geben sich ganz der Strömung hin, die sie nun mitreißt.

»Was hältst Du davon, wenn wir zusammenziehen?«, fragt er sie eine Stunde später, als sie ihren Kopf auf seine nackte Brust gebettet hat. Melanie lächelt erleichtert und froh darüber, dass Peter diese Frage gestellt hat.

»Mal schauen …«, antwortet sie leise, schmunzelt ihn an und beißt ihm zärtlich in seine Brustwarzen, während ihre Hand sich weiter nach unten in Richtung seiner Lenden vortastet.

Von nun an sieht man die beiden frisch Verliebten noch häufiger eng umschlungen in der Öffentlichkeit, sie treffen sich regelmäßig zu gemeinsamen Unternehmungen und privaten Treffen bei jeweils einem der beiden daheim. Es ist Mitte Dezember und sie schweben förmlich überglücklich über den

Weihnachtsmarkt, freuen sich ganz unbeschwert über kleine Weihnachtspräsente und genießen den überteuerten Glühwein.

Es kommt nun immer öfter vor, dass am Abend die Frage gestellt wird: »Kannst Du heute bei mir übernachten?« – Diese gegenseitigen Übernachtungseinladungen haben ganz zu Anfang einen recht abenteuerlichen Unterton, der sich allerdings mit zunehmender Frequenz der gegenseitigen Übernachtungen verliert, was nicht heißt, dass der Reiz an der Nähe des Partners abnimmt. Es wird zunehmend selbstverständlich organisiert, wann beide wo bei wem in welcher Wohnung sind und was sie dort tun. Mit der Zeit empfinden beide diesen ständigen organisatorischen Aufwand als anstrengend, später lästig.

Da stellt sich dann irgendwann für beide die Frage: »Wollen wir nicht zusammenziehen?« Und warum auch nicht? Vieles, eigentlich alles scheint zunächst dafür zu sprechen.

Beide lieben sich sehr und wollen möglichst viel Zeit miteinander verbringen. Eine gemeinsame Wohnstatt spart Fahrtkosten zum anderen und eine große Wohnung ist fast immer günstiger zu mieten, als zwei kleine Wohnungen. Finanziell und emotional scheint alles dafür zu sprechen in dieser Phase auf die Suche nach einer gemeinsamen Wohnung zu gehen.

Sobald diese gefunden ist, vereinen beide ihre bisherigen Hausstände und in den meisten Fällen wird die Frau mehr Wert auf die Einrichtung der nun gemeinsamen Wohnstatt legen. Frauen achten stärker auf eine ansprechende Wandgestaltung und darauf, ob und wie sich die verschiedenen Möbelstücke in das wohnliche Gesamtkonzept einfügen.

Nun wohnen sie also zusammen und dieses großartige Ereignis wird mit einer Einweihungsparty gefeiert, zu der Freunde, Bekannte, Verwandte und die neuen Nachbarn herzlich eingeladen sind. Alle wünschen den zweien viel Glück, was sie später wahrscheinlich auch noch gut brauchen werden.

Melanie und Peter haben eine weitere große Stufe auf dem Weg zu mittelfristiger Zweisamkeit genommen und sind rundherum glücklich. Ihre Beziehung entwickelt sich gut und von Stagnation (vergleiche Seite 16 und 38) ist bisher noch lange nichts zu spüren. Aber je länger Mann und Frau zusammenwohnen, umso mehr schleichen sich zunächst kleine Veränderungen ein, die später dämpfende Auswirkungen auf die Freude innerhalb der Partnerschaft haben können. Vielleicht liegt es daran, dass sich beide nun sehr regelmäßig in sehr alltäglichen Situationen in derselben Wohnung begegnen.

Während beide zuvor in getrennten Haushalten immer dann alles bis auf Hochglanz ordentlich und sauber gehalten haben, bevor der Partner zu Besuch kam, wird nun eine gemeinsame, neu zu definierende Schnittmenge von Sauberkeit und Ordnung zu finden sein, was allein schon nicht einfach ist. Je nach individueller Vorprägung und dem persönlichen Empfinden, entdecken beide in den nächsten Monaten, dass ein- und, objektiv gesehen, derselbe Unordnungszustand einerseits als belastend und andererseits als völlig gleichgültig empfunden werden kann. Hinzu kommt, dass sich beide nun wesentlich häufiger auch in sehr alltäglichen, sehr menschlichen Situationen noch einmal neu entdecken.

Mitunter nimmt die Frau nun Gerüche an dem Mann war, die sie vorher noch gar nicht an ihm gerochen hatte.

Manchmal vernimmt sie auch ganz neuartige Geräusche, die der Körper des Mannes produziert, und immer öfter geschieht es nun, dass sie ihn erst hört, bevor sie ihn riecht. Sie weiß noch nicht genau, wie sie das finden soll.

Je mehr sich beide in der gemeinsamen Wohnsituation füreinander öffnen, umso wahrscheinlicher ist es, dass irgendwann ganz banale Dinge doch eine gewichtigere Rolle im Leben der beiden spielen.

Aber nun wissen Sie ja, wo da die schlimmsten Fallen lauern und wie Sie diese vermeiden können.

**Praxistipp für innerpartnerschaftliche Freuden
zum TAGESABSCHLUSS**

Sie können die 7 goldenen Stufen zum TAGESAB-
SCHLUSS auch in leicht abgewandelter Form ab und zu
auf Ihre Partnerschaft anwenden:

Ehrliches Interesse, gepflegtes Äußeres, respektvoller
Umgang, ein gesundes Selbstwertgefühl und gute Kommunikation sind niemals falsch und werden auch in
einer Partnerschaft öfter zu beiderseitig befriedigendem
TAGESABSCHLUSS führen. In einer festen Partnerschaft
können und sollten Sie natürlich die Themenauswahl, die
Sie in Ihrer Kommunikation bei Stufe 4 behandeln, ver-
größern.

Matriarchat versus Patriarchat – Wo liegt die glückliche Zukunft für Frau und Mann?

Melanie und Peter wohnen seit einem halben Jahr zusammen. Peter scheint aus seinen Fehlern, die er bei Claudia gemacht hat, einiges gelernt zu haben. Nichtsdestotrotz fragt er sich ein ums andere Mal, ob nicht doch die Gefahr besteht, dass alte Gepflogenheiten zurückkehren, ob nicht doch irgendwann Routine in die Beziehung mit Melanie einziehen und daraufhin die Leidenschaft ausziehen wird.

»Was meinst Du, wie lautet das richtige Rezept für eine langfristig gut laufende Beziehung zwischen Mann und Frau?«, fragt er Melanie eines Tages, die spätabends aus dem Kino zurückkommt und eigentlich viel zu müde ist, um solch grundsätzliche Fragen zu besprechen.

Melanie schnauft erschöpft, lässt sich neben Peter aufs Sofa fallen, atmet tief ein, überlegt kurz und sagt dann: »Weißt Du, Ihr Männer solltet Euch ganz einfach nicht immer so wichtig nehmen. Die meisten Männer, die ich kenne, glauben, sie könnten alles besser. Besser als andere Männer und vor allen Dingen besser als wir Frauen. Immer diese fürchterlich anstrengende Wettkampfmentalität. Schon wenn zwei Männer gelangweilt auf dem Sofa hocken, machen die da einen Wettkampf draus! – Alles wäre viel einfacher, wenn Ihr uns Frauen mal mehr machen lassen würdet. Ja, ich glaube, dann wäre nicht nur für die Partnerschaft zwischen Mann und Frau viel erreicht. Am Ende würde die ganze Welt davon profitieren. Verantwortung abgeben zu können und auch mal die Frauen führen lassen, das könnte eine Lösung sein.«

Melanie lacht laut und herzhaft auf, küsst Peter kurz auf den Mund und sagt: »So, und deshalb räumst Du hier noch schön auf, während ich ins Bad verschwinde. Danach treffen wir uns im Bett und Du wirst mich mindestens 15 Minuten lang richtig schön massieren. Wenn Du Dir besondere Mühe gibst, wer weiß, könnte es vielleicht sogar noch ein erotisches Anschlussspielchen geben.«

Wenn wir uns die Geschichte des Verhältnisses von Mann und Frau in der Gesellschaft und die Menschheitsgeschichte im Allgemeinen rückblickend anschauen, so wird doch bei aller geschichtsschreibenden Komplexität eines ganz offensichtlich: Immer dann, wenn wirklich bedeutende Dinge schiefgelaufen sind, immer dann, wenn im Verlauf der letzten 15 000 Jahre Gewalt, Krieg, Mord und Totschlag das Antlitz der Erde blutrot verfärbten, waren Männer entweder allein dafür verantwortlich oder auf jeden Fall absolut in der Mehrzahl die Auslöser dafür, das ist unbestreitbar und tragisch.

Natürlich sind Männer nicht nur schlecht, wir könnten hier auch viele positive Dinge aufzählen, die von Männern verursacht, entdeckt, erfunden oder auf den Weg gebracht wurden, auch heute noch. Und natürlich sind Frauen nicht nur gut und gewaltfrei, auch da gibt es genug schwarze Schafe, keine Frage. Aber das von Männern insgesamt verursachte Leid, auch gegenüber Frauen, übersteigt unleugbar nun einmal auch numerisch und moralisch verwerflich das von Frauen verursachte Leid um ein Vielfaches.

Vielleicht wären die Welt und die Beziehung zwischen Mann und Frau also tatsächlich besser, wenn wir uns vom Patriarchat, also von der immer noch weltweit überwiegend praktizierten Vorherrschaft der Männer, verabschieden und nicht nur eine lahme Gleichberechtigung der Geschlechter anstreben würden, sondern ab heute überwiegend die Frauen das Ruder in die Hand nähmen und die Männer ganz einfach ein paar 1000 Jahre nichts mehr zu bestimmen hätten.

Wie würde dann die Welt aussehen?

Wäre unsere Welt eine bessere, wenn wir das Patriarchat durch ein Matriarchat ersetzen würden?

Eigentlich gefällt mir persönlich das Wort »Gynäkokratie« besser, aber da es im allgemeinen Sprachgebrauch heutzutage kaum noch vorkommt, bleiben wir bei Matriarchat.

Einige Tierspezies sind uns Menschen da möglicherweise ein paar Schritte voraus, denn es gibt Tierrassen, die sich im Laufe der Evolution ganz deutlich für ein von den Weibchen dominiertes und stark hierarchisiertes Herrschaftssystem entschieden haben.

Das Bienenmatriarchat – ein Modell auch für uns Menschen?

Vereinfacht und anschaulich könnte man sagen, dass die mitteleuropäischen Honigbienen in einem streng hierarchisch aufgebauten Matriarchat organisiert sind. Die Bienenhierarchie-Pyramide können wir uns ungefähr wie folgt vorstellen:

Ganz oben, in der Spitze der Pyramide, finden wir die Bienenkönigin. Sie ist quasi die Chefin, die absolutistische Alleinherrscherin, ohne die schon mal überhaupt der ganze Laden nicht mehr funktionieren würde. Darunter befindet sich, in zweiter Ebene, das Volk der Arbeiterinnen, das sind auch alles Damen hohen Standes. Diese weiblichen Bienen kümmern sich um nahezu sämtliche arbeitstechnischen Belange des Bienenstaates, sie organisieren, sie machen und tun. Ganz unten in der Pyramide finden wir, quasi als pyramidalen Bodensatz, die vielen männlichen Bienendrohnen.

Wozu sind Bienendrohnen da? Was ist ihre Aufgabe im Bienenstaat? Nun, ihre Aufgabe besteht letztendlich einfach darin, die Königin ein einziges Mal, ja, ich nenne es gern so: »libidinös zu beglücken«, unmittelbar danach verstirbt der Drohn.

Wenn ich diese tragische Tatsache den Zuschauern bei meinen Live-Auftritten erkläre, kommt es immer wieder vor, dass einige Frauen im Saal anfangen zu lachen, was mir irgendwie Angst macht, denn der Tod post coitum ist für uns Männer durch alle Spezies hindurch eine absolut humorbefreite Angelegenheit, über die sich Frauen aber augenscheinlich recht häufig ganz köstlich amüsieren können. Wir menschlichen Männer kennen natürlich auch die Analogie des kleinen Todes, der angeblich der kleine Bruder des Beischlafs sein soll, aber niemand möchte doch in der Blüte seines Lebens tatsächlich unmittelbar danach versterben.

Den Bienendrohnen selbst ist übrigens nicht bewusst, dass er nach der libidinösen Vereinigung mit der Königin so schwer Schaden nehmen wird, dass er dafür mit dem Tode zu bezahlen hat, denn wenn er es wüsste, würde es ja keiner mehr machen. Männliche Bienendrohnen sind intellektuell gesehen wirklich bemitleidenswert schwach ausgebildet, mit einem dreistelligen IQ[14] ist von denen keiner gesegnet und das ganz absichtlich, damit sie dieses ganze System auch gar nicht erst hinterfragen können. Bienendrohnen sind demnach nicht die schlauesten unter den Tieren, aber bis oben hin mit Testosteron angefüllte liebestolle Mannsbilder. Das lässt einige von ihnen dann schon wieder recht menschenähnlich erscheinen und vielleicht erkennt die eine oder andere Leserin an dieser Stelle sogar ihren Partner wieder?

Das Bienenmatriarchat ist ein ganz perfides System, denn die männlichen Bienendrohnen werden von den Arbeiterinnen vorsätzlich so doof gezüchtet, damit sie nicht auf dumme Gedanken kommen. Es fragt sich zum Beispiel auch keiner der versammelten Drohnen, warum jeden Tag einer fehlt.

Bienendrohnen sind ein schönes Beispiel dafür, dass die Natur oft noch andere und deutlich unangenehmere Varianten von TAGESABSCHLUSSGEFÄHRTEN kennt.

---

14 Ab einem IQ von 130 gelten Sie als hochintelligent und erhalten Zugang zum elitären MENSA-Club der intelligentesten Menschen der Welt. Ein IQ von 100 gilt als durchschnittlich. Bei einem Intelligenzquotienten von unter 80 können Sie sich auch völlig unauffällig neben die anderen Kühe auf die Weide stellen und grasen.

Ein Tag in der »Gynäkokratie« – Die Königin lässt bitten

Wie müssen wir uns einen Tag im von Frauen beherrschten Bienenstaat vorstellen?

Ganz einfach: Nach einem überaus anstrengenden Arbeits- und Regierungstag kehrt die Bienenkönigin zurück in ihre feudalen Schlafgemächer. Opulente Wandteppiche dämpfen den Hall und halten die Wärme drinnen, als sich die Königin mit einem erschöpften Seufzer auf das riesige, französische Himmelbett gleiten lässt. Sie lächelt matt über den Stuck an den Decken und ist umgeben von Barock, knapp vorm Rokoko.

Arbeiterinnen öffnen die Fenster, lüften ein wenig durch und reichen der Regentin ein paar frische Kanapees sowie die neue Cosmopolitan[15]. Leicht gelangweilt blättert die Königin in ihrem Lifestyle-Magazin und dabei überkommt sie so ganz allmählich ein leicht erotisierendes Gefühl, welches sich gedanklich ungefähr so bei ihr festsetzt: »Och, ich hätte wohl ein Lüstchen. Schauen wir doch mal, was heute so zur Verfügung steht.«

Die Königin schreitet hinaus auf den königlichen Balkon und erblickt unter sich eine Heerschar männlicher Bienendrohnen, die alle nicht so recht wissen, wozu sie überhaupt da sind, obwohl sie durch die Bank weg den nicht rationalen und überaus starken Drang nach körperlicher Vereinigung mit der Königin verspüren. Der Blick der Königin schweift über die maskuline Menge, bis sie einen ihr angemessen erscheinenden Drohn erspäht:

»Jener dort scheint mir recht ansehnlich zu sein.«

Mit elfengleicher Anmut zeigt sie auf den Drohn ihrer Wahl. Die arbeitsamen Dienerinnen der Königin holen den Prinzen auf Zeit aus der Menge und begleiten ihn direkt ins Zentrum

---

15 Ich erlaube mir hier die eine oder andere zeitgeschichtliche und biologische Anomalie, um der Bildhaftigkeit auf die Sprünge zu helfen. Charlton Heston durfte in Ben Hur ja auch eine Armbanduhr tragen, schließlich wollte er auf keinen Fall zu spät zum großen Wagenrennen kommen, was wirklich peinlich gewesen wäre.

der königlichen Gemächer, während sich die anderen Drohnen weiter fragen:

»Was mache ich eigentlich hier?«

Die Arbeiterinnen baden den Drohn in einem bereits mit wohlriechenden Essenzen angereicherten Vollbad. Sie waschen ihm die Haare mit Shampoo, spülen das Shamppo hernach mit der Duschbrause aus und geben dann Spülung in sein Haupthaar, auf dass dieses glänzend und geschmeidig werde und sich ohne Ziepen kämmen lasse. Wenn der Drohn dem Bade gänzlich frisch gemacht entstiegen ist, werden sie ihn mit allerlei unterschiedlichen Cremes und Lotions eincremen, auch wenn sie vielleicht auf die kaum erschwingliche Augencreme verzichten werden. Nun werden die Arbeiterinnen ihm seine Kleidungsstücke fertig herauslegen, damit er hübsch gekleidet vor die Königin treten kann.

Derweil bereitet sich die Königin auch ein wenig auf das bevorstehende Ereignis vor. Sie legt einen ganz besonderen Duftstoff auf, ein mit Pheromonen durchtränktes Elixier[16]. Was die Königin beim bevorstehenden Ereignis ebenfalls nicht missen möchte, ist Musik. Das Live-Orchester aus Arbeiterinnenbienen im großzügig angelegten Schlafgemach der Königin spielt auf Weisung der Königin *La Primavera* – Den Frühling, Opus 8 RV 269, von Antonio Vivaldi. Natürlich muss es der Frühling sein, denn die Assoziationen, die wir mit dem Frühling verbinden, sind die des neu erwachenden Lebens, der Lebensfreude, des Übermutes und der Libido.

Durch alle Zeitalter hindurch wird dem Frühling eine nahezu aphrodisierende Wirkung zugesprochen.

Selbst einer nicht näher konkretisierten, aber doch überaus bekannten Veronika wird ein metaphorisiert wachsender Spargel im Lenz mit einem »Tralala« versucht schmackhaft zu machen[17].

---

16 Wahrscheinlich Hypnotic Poison von Dior.
17 Die Comedian Harmonists hatten mit dem Gesangstitel »Veronika, der Lenz ist da« einen großen Erfolg. Bei der Textstelle »Veronika, der Spargel wächst«

Praxistipp für erhöhten Lese- und Liebesgenuss I

Legen Sie am besten jetzt direkt Ihre CD-Version von Antonio Vivaldis »Die vier Jahreszeiten« in den CD-Player und starten Sie mit dem ersten Satz des Frühlings. Hören Sie sich ein wenig ein und lesen Sie dann weiter, so kommen Sie ganzheitlich-emotional in das königliche Schlafgemach einer Bienenkönigin. Für Ihre eigenen Liebesspiele empfehle ich Ihnen ebenfalls eine unaufdringliche musikalische Hintergrundbeschallung, das kann überaus romantisierend sein und ist der Emotionalität der Zweisamkeit förderlich. Beachten Sie dabei aber bitte unbedingt ein paar kleine technische Aspekte.

Lieblings-Libido-Musik: Wählen Sie Musik aus, die unbedingt beiden an der Vereinigung Beteiligten gefällt, der individuelle Geschmack ist dabei absolut entscheidend. Suchen Sie, falls Sie einen anderen Musikgeschmack als Ihr Partner oder Ihre Partnerin haben, auf jeden Fall nach der größtmöglichen Schnittmenge. Während die eine Frau bei den Geigenklängen eines David Garret weich wie Wachs in der Mittagssonne wird, kann es sein, dass es dem ein oder anderen Mann lendentechnisch dabei ganz ähnlich wird.

erfahren wir spätestens in der Verfilmung von Joseph Vilsmaier (1997), dass mit diesem Spargel nicht das Gemüse gemeint ist.

Praxistipp für erhöhten Lese- und Liebesgenuss II

Vermeiden Sie Musik mit Gesang und greifen Sie ausschließlich zu rein instrumentaler Musik, denn der Gesang wird, auch wenn er noch so hübsch anzuhören ist, eine nicht unerhebliche Ablenkung darstellen, weil sich insbesondere das männliche Gehirn mehr mit der Frage beschäftigen wird: »Was genau hat die Sängerin da eben gesungen?«

Insbesondere bei Musik von ENYA (die sehr viele weibliche Fans hat!) wird Ihnen das so gehen, denn die Dame singt ja meist auf gälisch oder auch mal in der erfundenen Sprache Loxian, was Ihnen aller Wahrscheinlichkeit nach ebenso unverständlich ins Ohr gehen wird wie das angebliche Aramäisch in der Jesus-Film-Version von Mel Gibsons »Passion Of Christ« aus dem Jahr 2004. Beides ist meines Erachtens nach überaus de-erotisierend.

Musikeinspiellänge: Achten Sie darauf, dass die Musikeinspielung zeitlich nicht kürzer ist als das geplante Liebesspiel (also auf jeden Fall länger als drei Minuten!).

Je nach Ihren individuellen Präferenzen und Möglichkeiten reichen bei ihm vielleicht tatsächlich die ersten drei bis vier Minuten, die der erste Satz des Frühlings von Antonio Vivaldi dauert (je nach Aufnahe).

Bei ihr allerdings könnte es gut sein, dass Sie sich durch alle vier Jahreszeiten hören müssen, um eine finale Erlösung zu erreichen. Vermeiden Sie also einen »musicalus interruptus« und überspielen Sie am besten mindestens vier Stunden Ihrer Lieblings-Libido-Musik auf einen MP3-Player, damit Sie immer genug Hintergrundmusik in der Hinterhand haben und nicht mittendrin eine CD wechseln müssen.

Nachdem also die Kemenate der Königin soweit hergerichtet ist, geleiten die Arbeiterinnen den frisch gewaschenen und neu eingekleideten Drohn in die Räumlichkeiten der Königin. Etwas unbeholfen und schüchtern schaut sich der Drohn in den für ihn bisher völlig unbekannten Räumen um und erblickt die Königin, deren Anblick ihn vor purer Erotik erstarren lässt.

»Oh, Kammerdiener, Ihr seid doch ein Gentleman, oder? Wollt Ihr uns nicht ein wenig amüsieren?«

Mit diesen Worten entlässt die Königin den ihr eigenen pheromongeschwängerten Duftstoff in Richtung Drohnen-Nase. Und wie unter Drogen atmet der Drohn diesen Duft ein.

Die spezifische, chemische Zusammensetzung weiblicher Duftstoffe hat sowohl im Tier-, als auch im Menschenreich eine nicht zu unterschätzende Wirkung auf das Gehirn des Männchens. Vereinfacht könnte man sagen, dass der weibliche Duftstoff durch die Nase direkt auf das Gehirn des Mannes einwirkt und selbiges kurzerhand abschaltet, während im selben Augenblick der Unterleib eingeschaltet wird.

Vielleicht haben Sie, meine verehrten weiblichen Leserinnen, diesen faszinierenden Effekt auch schon einmal bei Ihrem Männchen beobachten können? Meiner Erfahrung nach wissen die meisten Frauen sehr wohl, welcher von außen aufgebrachte Duftstoff ihren Eigengeruch für welche Gelegenheit am besten unterstreicht.

Wenn Vivaldi schließlich im zweiten Frühlingssatz mit einer zarten Annäherung startet und sich die beiden Partner zart umkreisend aufeinander zu bewegen, dann beginnt das zarte Spiel, das die Hormone in Wallung bringt. Im dritten Satz schließlich starten beide frühlingstechnisch voll durch und stürmen in zart hüpfender Vereinigung miteinander durch wild sprießende (Spargel-)Felder und mit Frühlingstau befeuchtete Wälder. Je nachdem, in welcher Jahreszeit das Liebesspiel sein Ende findet (im dritten Satz des Sommers bietet sich zum Beispiel ein schöner Schlussspurt an), wird der Drohn dann irgendwann sein Werk vollbracht haben.

Ehrlich gesagt freue ich mich an dieser Stelle ein bisschen darauf, dass es Ihnen nun in der nächsten Zeit nicht mehr so recht gelingen will, »Die vier Jahreszeiten« von Antonio Vivaldi gänzlich ohne humorvoll erotisierten Background zu hören.

Wenn Sie als Paar dieses Buch zusammen lesen, haben Sie sich hiermit so ganz nebenbei auch einen höchst amüsanten und kommunikativ hübsch verklausulierten Einstieg in einen erotischen TAGESABSCHLUSS zu zweit geschaffen.

Legen Sie doch einfach mal die Vivaldi-CD in den Player, während Sie Ihrem Mann (oder Freund) den Duft von *Hypnotic Poison* unter die Nase wehen lassen, und ich verspreche Ihnen, dass die Comedian Harmonists auch über sein Gemüse ein Liedchen singen könnten: »… die ganze Welt ist wie verhext, Veronika, der Spargel wächst …«

Ich hatte ja bereits angedeutet, dass es für den Drohnen nach der Paarung rasant unangenehm wird. Im Buch »Phänomen Honigbiene« von Professor Jürgen Tautz, der Koryphäe auf dem Feld der modernen Bienenforschung, lässt sich dies schaurige Geschehen unterhaltsam nachlesen.

Zuerst hält der Drohn seine Gebieterin mit seinen kleinen Beinchen fest, dann dockt er sein Begattungsorgan »mechanisch« an die Dame an. Er stülpt seinen Endophallus etwa zur Hälfte aus, um schließlich bewegungsunfähig an seiner Herrin zu hängen. Jetzt übernimmt die Königin die Arbeit: Sie kümmert sich um die Vollausstülpung des männlichen Geschlechtsapparats und überträgt das Sperma des willfährigen Herren, indem sie ihre Hinterleibsmuskeln zusammenzieht. Hört man einen Knall, ist dem Drohnen bei diesem Vorgang der Hinterleib geplatzt.

Diese kleine Explosion überlebt der Arme nicht und wird – wie soll man es auch anders nennen – zum »Lust-Selbstmordattentäter«.[18]

---

18 Vgl. Jürgen Tautz/Helga R. Heilmann: Phänomen Honigbiene. Elsevier 2012, Kapitel 5. »Bienensex und Brautjungfern«, Seite 119.

So oder ähnlich sieht Matriarchat aus und ich weiß, dass einige Leserinnen nach diesen Zeilen schmunzelnd denken werden: »Nun, das scheint mir doch eine durchaus erstrebenswerte Regierungsform zu sein, wenn man hier und da noch die eine oder andere kleine Modifikation vornimmt.«

Natürlich, meine Damen, in dieser Art von Gesellschaftsform werden Sie als Königin wirklich niemals mit dem Problem der Stagnation in der Beziehung konfrontiert werden …

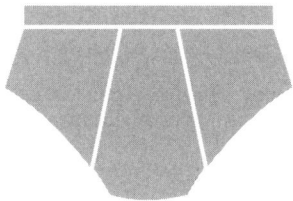

Forever TAGESABSCHLUSSGEFÄHRTE – Wo geht Ihre Reise hin?

Peter sitzt im Wohnzimmer auf dem Sofa und denkt zufrieden über sein bisheriges, noch halbwegs junges Leben nach. Er war mit Claudia verheiratet, hat eine Scheidung durchlebt und durfte nach einem tiefen Tal der Tränen einige wirklich umwerfende TAGESABSCHLUSSGEFÄHRTINNEN genießen. Nun ist er zusammen mit Melanie auf dem besten Weg, ein neuer Lebensabschnittsgefährte zu werden. Auf seinem Weg hat er viel gelernt und sich stetig weiterentwickelt.

Es fügt sich alles ineinander und jede Zeit hat ihre Berechtigung, denkt Peter glücklich und ist heilfroh, dass er die Erfahrungen aus seiner gescheiterten Ehe und mit den TAGESABSCHLUSSGEFÄHRTINNEN als Schatz verinnerlichen konnte, der ihn nun zu einem noch besseren Partner macht. Peter ist dankbar für all das, was das Leben und die Frauen ihm geschenkt haben, und er freut sich auf das neue Leben mit Melanie, als er aus dem Schlafzimmer die ersten Klänge des Frühlings aus Vivaldis »Vier Jahreszeiten« hört.

»Kommst Du jetzt zu mir ins Bett? Ich habe Lust auf eine schöne Stufe 7!«, ruft Melanie leicht säuselnd aus dem Schlafzimmer.

Peter lächelt, steht auf, geht in Richtung Schlafzimmer und schließt die Tür hinter sich.

Es gibt viele intensive Erfahrungen zwischen Mann und Frau. Wie sieht es bei Ihnen aus? Sind Sie verliebt, verlobt, verheiratet? Haben Sie Kinder oder (noch) nicht? Haben Sie Probleme, Ärger, Frust? Kennen Sie die Erfahrung von Trennung, Anwalt, Scheidung – Reset und Neustart?

Es gibt TAGESABSCHLUSSGEFÄHRTEN, TAGESAB-
SCHLUSSGEFÄHRTINNEN, Lebensabschnittsgefährten oder
Lebensgefährten. In welcher Phase leben Sie gerade?

Wenn Sie eine Beziehung haben, dann können Sie spielerische
Variationen der 7 goldenen Stufen in Ihre Beziehung einbauen
und werden damit noch mehr Freude und Leidenschaft genießen. So beugen Sie Stagnation in der Beziehung vor und
schaffen es, vom Lebensabschnittsgefährten vielleicht sogar
noch zum Lebensgefährten – wenn Sie das wollen.

Wenn Sie Single sind, dann werden Sie mit den 7 goldenen
Stufen zum perfekten TAGESABSCHLUSS sehr viel Spaß
haben und auch andere glücklich machen.

Wie auch immer Ihre persönlichen Vorlieben und Wünsche in
Bezug auf das andere Geschlecht sind, ich wünsche Ihnen auf
Ihrem Weg viel Freude, Humor und eine Menge Leidenschaft.

Ihr Carsten Höfer

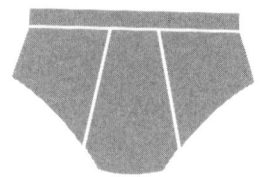

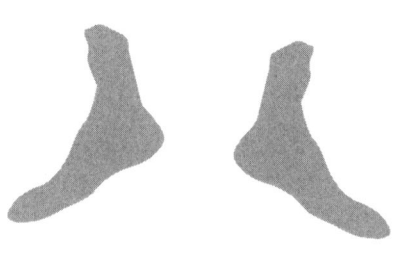

Anhang

Danksagung

Dieses Buch wäre nicht entstanden, wenn ich dabei nicht die großartige Hilfe und Unterstützung vieler lieber Menschen erfahren hätte, denen ich hiermit ganz herzlich »Danke!« sagen möchte.

Meiner wunderbaren **Frau Maike** danke ich für die Liebe, das Verständnis und die Geduld, die sie für mich und meinen komischen Beruf aufbringt.

Herzlichen Dank an **Prof. Dr. Lothar Seiwert** für die Aufforderung, nach dem Erstbuch das zweite (und dritte) Buch zu schreiben.

Vielen Dank an **Sabine Asgodom** für die Motivation und das Vertrauen in meine Arbeit.

Danke an **Thomas Frei** für die Hilfe bei wegweisenden Einsichten, die mir ein tieferes Verständnis für vieles gegeben haben, was in diesem Buch behandelt wird.

Danke an **Alex S. Rusch** für den Ehrgeiz und die Zielstrebigkeit, mit der ich dieses Buch noch besser schreiben konnte.

Danke an **Bettina Querfurth**, an **Stefanie Heim, Isabella Kortz** und das gesamte Team des Südwest Verlages für die herrlich unkomplizierte und reibungslose Zusammenarbeit und für die überaus hilfreichen Hinweise und Korrekturen.

Schlussendlich danke ich allen freundlichen Menschen, ohne die ich nicht auf der Bühne stehen könnte und ohne die es wenig Sinn gemacht hätte, dieses Buch zu schreiben: meinem Publikum, den Leserinnen und Lesern und meinen Fans.
Ich danke Euch allen!

Impressum

ISBN: 978-3-517-08829-7

1. Auflage 2013
© 2013 by Südwest Verlag, einem Unternehmen der Verlagsgruppe
Random House GmbH, 81673 München.

Buchcoaching und redaktionelle Textbegleitung: Isabella Kortz,
www.isabella-kortz.de
Layout: Lore Wildpanner, München
Satz: Nadine Thiel | kreativsatz, Baldham
Umschlaggestaltung: zeichenpool, München, unter Verwen-
dung von Illustrationen von shutterstock/Robert Adrian Hillman,
De-V und Tribalium
Autorenfoto Umschlag: Roman Mensing
Druck und Verarbeitung: GGP Media GmbH, Pößneck

Printed in Germany

Verlagsgruppe Random House FSC®-N001967
Das für dieses Buch verwendete FSC®-zertifizierte Papier *Munken
premium cream* liefert Arctic Paper Munkedals AB, Schweden.

www.suedwest-verlag.de

Werden Sie V.I.P.-Gast
von Autor und Kabarettist Carsten Höfer

GRATIS für Sie!
Und Geschenke im Wert von 20 €
zur Begrüßung!

Ihre Vorteile im Überblick:

+ Sie nehmen gratis an den Aktionen »Freikarten für Fans« teil. Dort können Sie frei wählen, für welche Live-Auftritte mit Carsten Höfer Sie Freikarten haben möchten!
+ Sie haben jederzeit gratis Zugang zum V.I.P.-Downloadbereich auf www.carsten-hoefer.de/vip-lounge. Dort finden Sie zum Beispiel einen MP3-Bonustrack, der nicht auf die Kauf-CDs gepasst hat und der sonst nirgendwo zu bekommen ist!
+ Sobald Carsten Höfer einen Auftritt in der Nähe Ihrer PLZ hat, werden Sie exklusiv und kostenlos rechtzeitig darüber informiert. Sie erfahren noch vor allen anderen, wann Carsten Höfer mit einem seiner preisgekrönten Live-Kabarett-Programme in Ihre Nähe kommt!
+ Sie erhalten exklusive Geschenke im Wert von 20 €.

Melden Sie sich jetzt als V.I.P.-Gast an, nur auf
www.tagesabschluss**buch**.de/vip